科技金融系统理论与实践

主　编　易　明
副主编　许荣荣　刘志高

项目资助：
1. 中国科学院战略性先导科技专项（A类）课题（XDA19040403）
2. 湖北省区域创新能力监测与分析软科学研究基地开放基金项目（HBQY2018z05）
3. 中南民族大学中央高校基本科研业务费专项资金项目（CSQ19054）

科学出版社
北　京

内 容 简 介

科技金融是实施创新驱动发展战略和建设世界科技强国的重要支撑。科技金融系统是一定时间、一定区域内,由科技金融相关要素及其外部环境构成的统一的有机整体。本书重点构建科技金融系统的基本理论分析框架,归纳总结中国科技金融系统的演进历程、发展状况与政策演进,评价分析科技金融系统的运行效率及影响因素,在总结、归纳国内外构建科技金融系统成功经验的基础上,提出优化科技金融系统的实现路径和政策措施建议。

本书的研究成果能够为创新管理与政策、金融学、区域经济学相关领域的研究人员提供理论参考,为有关政府部门完善科技金融政策提供决策依据。同时,本书也可以作为高等院校创新创业教育本科通识选修课程或研究生公共课程的参考教材。

图书在版编目(CIP)数据

科技金融系统理论与实践/易明主编. —北京:科学出版社,2020.4
ISBN 978-7-03-064072-7

Ⅰ. ①科⋯ Ⅱ. ①易⋯ Ⅲ. ①金融-科技发展-研究-中国 Ⅳ. ①F832

中国版本图书馆 CIP 数据核字(2020)第 000719 号

责任编辑:魏如萍/责任校对:贾伟娟
责任印制:张 伟/封面设计:无极书装

科 学 出 版 社 出版
北京东黄城根北街 16 号
邮政编码:100717
http://www.sciencep.com

北京虎彩文化传播有限公司印刷
科学出版社发行 各地新华书店经销

*

2020 年 4 月第 一 版 开本:720×1000 B5
2020 年 4 月第一次印刷 印张:9 1/4
字数:182 000

定价:86.00 元
(如有印装质量问题,我社负责调换)

序

　　创新是引领新时代经济高质量发展的第一动力。根据现代创新理论的重要奠基人——熊彼特的经典创新理论,科技创新及由此引致的创业行为是创新的重要组成部分和应有之意。科技与金融相互影响、相互促进:一方面,金融是现代经济的核心,全球经济的演进历史及历史上每一次科技革命都告诉我们,科技创新和产业革命都离不开金融的支持,在某种意义上,没有科技与金融的深度融合就不会有历次科技革命和产业革命的成功;另一方面,科技创新及其产业化也能促进金融创新和金融体制机制改革,为金融健康、可持续发展扩展空间。科技创新与金融创新的紧密联系带来一个新的专有名词——"科技金融"。科技金融是指股权投资、银行、保险等各类金融机构、中介服务机构及政府金融管理部门,通过创新金融产品,改进服务模式,搭建服务平台,实现金融创新机制和科技创新资源的有机融合,为从种子期到成熟期各发展阶段的科技企业提供直接或间接的投融资服务的一系列市场化行为和政策制度安排。而科技金融系统则是一定时间、一定区域内,由科技金融相关要素及其外部环境构成的统一的有机整体,是国家创新体系的重要组成部分。

　　党的十九大报告指出,"着力加快建设实体经济、科技创新、现代金融、人力资源协同发展的产业体系"。建立完善科技金融系统,推进科技金融健康高效发展,是促使科技创新与现代金融有机结合的有力抓手。当前,中国科技金融发展还存在产品创新不够、服务体系不完善、市场活跃度不高、供需矛盾依然存在等突出问题,为深入推进新旧动能转换,促进经济发展方式转变和经济结构转型升级,实现经济高质量发展,必须加快构建由金融、科技、管理等多重要素,科技金融产业、现代科技服务业等多个领域,以及人才、政策、平台、机制等共同作用的多维度、多层次的科技金融系统,为建设世界科技强国提供重要保障。

　　本书一方面在理论层面探讨科技金融系统的基本内涵、体系架构、要素组成、运行效率和影响因素,另一方面在实践层面总结分析中国科技金融系统的发展状况和政策体系演进特征,以及国内外构建科技金融系统的成功经验,目的在于提出进一步优化中国科技金融系统的政策措施建议。

全书共六章，由易明负责统筹安排，各章的具体分工如下：第一章，易明、彭甲超；第二章，许荣荣、易明、杨丽莎、方晓萌；第三章，刘志高、张座铭、张莲、李奇明、张尧；第四章，杨丽莎、易明、张海军、张座铭、付丽娜、徐烁然、张莲；第五章，许荣荣、王怡倩；第六章，易明、刘志高、吴婷、杨丽莎、杨双。本书编写过程中参考、引用了大量的文献和资料，书中尽可能标注了有关数据和资料来源，书后也尽可能附上了相关参考文献，如有遗漏，敬请谅解，当然，最终文责由各章执笔人负责。另外，科技金融涉及领域非常广泛，书中如有理解不到位或不足之处敬请读者批评指正！

特别感谢中国地质大学（武汉）经济管理学院邓宏兵教授、杨树旺教授及华中科技大学经济学院罗传建教授对本书编写工作的支持。

易　明

2019 年 12 月

目　录

第一章　科技金融是创新驱动发展的催化剂 ……………………………… 1
　第一节　科学技术是第一生产力 ……………………………………… 1
　第二节　金融引领科技创新浪潮 ……………………………………… 3
　第三节　大众创业需要金融助力 ……………………………………… 6
　第四节　金融创新因科技而改变 ……………………………………… 8
　第五节　本章小结 ……………………………………………………… 9

第二章　科技金融系统的结构功能与运行模式 …………………………… 10
　第一节　科技金融系统的内涵特征 …………………………………… 10
　第二节　科技金融系统的结构功能 …………………………………… 17
　第三节　科技金融系统的运行机制 …………………………………… 24
　第四节　科技金融系统的构建模式 …………………………………… 27
　第五节　本章小结 ……………………………………………………… 29

第三章　科技金融系统的发展状况与政策演进 …………………………… 30
　第一节　科技金融系统的发展状况 …………………………………… 30
　第二节　科技金融政策的演进特征 …………………………………… 42
　第三节　科技金融系统的主要问题 …………………………………… 56
　第四节　本章小结 ……………………………………………………… 66

第四章　科技金融系统的运行效率与影响因素 …………………………… 68
　第一节　研究区域背景 ………………………………………………… 68
　第二节　研究模型设计 ………………………………………………… 73
　第三节　科技金融系统运行效率的时空格局 ………………………… 77
　第四节　科技金融系统运行效率的影响因素 ………………………… 84
　第五节　基本结论及实践启示 ………………………………………… 88
　第六节　本章小结 ……………………………………………………… 94

第五章 国内外构建科技金融系统的成功经验及启示 ·············· 95
- 第一节 科技金融结合试点城市的成功经验 ·············· 95
- 第二节 国外构建科技金融系统的成功经验 ·············· 100
- 第三节 主要启示 ·············· 104
- 第四节 本章小结 ·············· 106

第六章 优化科技金融系统的实践路径与措施建议 ·············· 107
- 第一节 加强科技金融顶层设计和统筹协调 ·············· 107
- 第二节 健全股权投资体系和资本市场体系 ·············· 109
- 第三节 鼓励科技信贷服务产品和模式创新 ·············· 111
- 第四节 加快发展科技保险和科技融资租赁 ·············· 112
- 第五节 优化科技金融服务和人才育成体系 ·············· 113
- 第六节 完善科技金融政策体系和发展环境 ·············· 115
- 第七节 本章小结 ·············· 118

参考文献 ·············· 120

附录 ·············· 129

第一章 科技金融是创新驱动发展的催化剂

党的十八大报告提出"科技创新是提高社会生产力和综合国力的战略支撑，必须摆在国家发展全局的核心位置"，强调实施创新驱动发展战略。党的十九大报告进一步明确指出要强化创新的引领作用，"着力加快建设实体经济、科技创新、现代金融、人力资源协同发展的产业体系""增强金融服务实体经济能力"。这就内在地要求促进科技与金融深度融合，加快构建多维度、多层次的科技金融系统。

第一节 科学技术是第一生产力

"科学技术是第一生产力"是邓小平同志提出的著名论断，其思想形成可以追溯到1975年，邓小平在指导起草《中国科学院工作汇报提纲》时，依据马克思所论述的"生产力包括科学"，指出科学技术是生产力；在1978年的全国科学大会上，他重申了这一观点；1988年，邓小平在同捷克斯洛伐克总统谈话时再次指出，"马克思说过，科学技术是生产力，事实证明这话讲得很对。依我看，科学技术是第一生产力"[①]。时至今日，这一论断依然具有丰富的理论内涵和战略指导意义。

第一，科学技术是生产力的内在要素并直接影响其他要素。生产力是社会制度变迁与人类社会发展的决定性力量，马克思在《资本论》中指出，"劳动生产力是由多种情况决定的，其中包括：工人的平均熟练程度、科学的发展水平和它在工艺上应用的程度、生产过程的社会结合、生产资料的规模和效能，以及自然条件"。马克思（1953）认为，"生产力，即生产能力及其要素的发展"。这里的要素即生产要素，通常包括劳动、劳动对象和劳动资料。生产要素的发展包括了原有生产要素的更新及新的生产要素的加入（卫兴华，2017）。一方面，生产要素会直

---

① 参见："科学技术是第一生产力"思想形成与发展，http://www.xinhuanet.com/politics/kxjssdyscl/.

接或间接地受到科学技术的改造，科学技术能够通过"乘数效应"促使各类生产要素发生由量变到质变的转化，实现原有生产要素的更新、升级，提高生产要素使用效率；另一方面，新生产要素的加入也离不开科学技术的作用——科学技术创新及其应用能够带来新的生产工具和生产要素。

第二，科学技术直接决定生产力的形成、发展和演进趋势。邓小平指出："现代科学技术的发展，使科学与生产的关系越来越密切了。科学技术作为生产力，越来越显示出巨大的作用。"[①] 一方面，现代科学技术是生产力中最活跃的因素，持续渐进式和跳跃式科技进步为生产力提供新的技术、方法和手段，引起社会生产力的跳跃式发展；另一方面，现代科学技术已经广泛渗透到社会生产的各个环节，在科学—技术—生产链条中，科学技术的每一次巨大飞跃都会带来整个链条的变革并产生新的生产方式。正如我们所知道的，早期瓦特对蒸汽机技术的改良引起了第一次工业革命，现代移动互联技术的应用促进了互联网与实体经济的融合，引起了互联网时代的工业革命。

第三，科学技术是经济能否实现高质量发展的决定性因素。习近平在2017年的中央经济工作会议上发表重要讲话。"会议认为，中国特色社会主义进入了新时代，我国经济发展也进入了新时代，基本特征就是我国经济已由高速增长阶段转向高质量发展阶段。"[②] 要以质量变革、效率变革、动力变革为引领，推进经济实现高质量发展。可以说，这"三大变革"的最终目的就是要推动生产力的新变革，而先进生产力是社会变革的最根本动力。鉴于科学技术的重要作用，可以说，质量变革、效率变革、动力变革的关键在于科学技术的变革。具体而言，质量变革包括产品、生产、生活质量的全面提升，可持续导向的科学技术创新及其应用能够提高产品技术含量和附加值，提升企业生产经营管理水平，给人类生存带来极大便利，满足人类日益增长的美好生活需要；效率变革包括劳动生产率、技术效率、全要素生产率等的变革，科学技术创新有利于增加单位劳动力的产出，有利于提升科技进步对经济增长和社会进步的贡献率，有利于提高资源能源利用率和综合能耗产出率等；动力变革是指增长动力从传统要素驱动向创新驱动转变，而科技创新则是创新驱动的根基和核心之所在，科技创新产生新技术、新产品，催生新模式、新业态，支撑引领全面创新，是培育新动能的关键和重要源泉。

---

① 参见：邓小平在全国科学大会开幕式上的讲话。
② 中央经济工作会议在北京举行 习近平李克强作重要讲话. http://jhsjk.people.cn/article/29719664，2017-12-20.

第二节 金融引领科技创新浪潮

创新是引领经济高质量发展的第一动力，它包括科技创新、制度创新、文化创新、管理创新、模式创新、环境创新等，其中最基础、最核心的就是科技创新。经济学家卡罗塔·佩蕾丝曾经这样描述科技创新与金融的关系："新技术早期的崛起是一个爆炸性增长时期，会导致经济出现极大的动荡和不确定性。风险资本家为获取高额利润，迅速投资于新技术领域，继而产生金融资本与技术创新的高度耦合，从而出现技术创新的繁荣和金融资产的几何级数增长。"事实上，科技创新不同阶段对金融有着不同的需求，如表1-1所示，从创新构思、项目确定，再到研究与开发、中试，最后到技术创新工业生产、技术创新产业化和技术创新市场化阶段，科技创新在每个阶段都呈现出不同的特点，表现出不同的技术创新特征及风险和不确定性特征，进而导致不同阶段资金需求规模、种类、方式的差异性（朱克江，2011）。

表1-1 科技创新不同阶段的金融需求

科技创新阶段	特点	金融需求分析
创新构思阶段	把主体现有的、潜在的社会需求与技术上的可能性结合起来形成创新思想，加强与高校和科研院所的合作与交流	风险与不确定性小，无须外源融资
项目确定阶段	评估创新设计思想，决定该科技创新项目是否值得继续投入资源，把创新项目推向下一阶段	围绕创新设计思想的可行性展开，资金需求量不大
研究与开发阶段	包括基础研究、应用研究和试验开发。通过反复试验、探索和比对，选出最佳路线，在取得试验结果之后，再选择有较大开发前景的项目进入中试或工业性实践	不确定性大，融资能力极低，资金来源主要包括政府资金、个人储蓄、家庭财产、朋友借款、申请基金项目等
中试阶段	技术成果进行样机或样品的研制与试验，是实验室科研成果向生产转移的重要环节	需要大量资金投入，投资风险大且回报不确定，需要创业风险投资和战略投资等金融服务
技术创新工业生产阶段	新技术应用于生产，完成技术创新扩散，实现技术与经济的结合	技术风险降低，市场风险增加，需要资金将产品进行企业化生产。企业处于初创期，需要创业风险投资介入
技术创新产业化阶段	企业进入成长期，以提高产品竞争力，以扩大市场占有率和市场利润为目标	企业整体风险下降，但仍需大规模资金投入，承担融资成本的能力有所提高，能从金融机构获取贷款支持
技术创新市场化阶段	继续完善现有产品和服务，同时酝酿下一轮技术创新，以确保市场占有率	技术与经济效益的不确定性和风险降低。对资金需求规模大，但企业承担融资成本的能力不断提高，获取资金的渠道多样化

资料来源：朱克江（2011）

就工业革命、科技创新与金融创新之间的关系而言，科技创新是工业革命的发起源头，并能为金融创新提供科技支撑；金融创新则是工业革命的关键动力和科技创新的重要助力。同时，工业革命又反过来倒逼科技和金融加速创新与融合。可以说，科技兴、金融兴则经济兴，经济兴则科技兴、金融兴，三者荣损与共。

普遍共识认为，人类历史上已经经历了两次工业革命，正在经历第三次工业革命[①]。第一次工业革命（1771~1875年）首先出现于工场手工业最为发达的棉纺织业，以"珍妮纺织机"和改良型蒸汽机的投入使用为代表。第一次工业革命一方面是一次技术改革，由纺织技术、蒸汽机技术和焦炉冶炼技术的实用性改良与普及引起，机器生产和化石能源实现对手工劳动的替代，工厂、蒸汽机车等新型交通运输工具开始大量出现，极大地提高了社会生产力，从而支持不断增长的生产；另一方面，它也是一场深刻的社会变革，社会日益分化为工业资产阶级和无产阶级，同时还促进了近代城市化的兴起。第一次工业革命之所以能够成功，很大程度上是因为现代银行制度的建立和商业银行体系的出现，这一时期，瑞士银行、米德兰银行、劳埃德银行、国民西敏寺银行等应运而生，股份制的兴起也发挥了很大的支持作用。1826年，英国颁布的《1826年银行法》允许成立股份银行，1841年英国的股份银行数量达到115家，很多是由合伙银行改制或与新成立的股份银行合并形成的（杨大勇，2016），银行贷款成为这一时期企业获得资金的重要渠道。

第二次工业革命（1875~1971年）的一个技术标志是电力。英国科学家迈克尔·法拉第发现了"磁光效应"，发明了人类历史上第一台发电机，为电力的工业应用奠定了重要基础。20世纪出现了大规模的电力系统，电能成为重要的动力能源，拉开了"电气时代"的序幕。另一个技术标志是内燃机的广泛使用。19世纪60年代，活塞式内燃机问世，开始主要以煤炭为燃料，随着石油的开采，汽油和柴油开始逐渐替代煤炭作为内燃机的主要燃料。1883年，德国的戴姆勒研制成功第一台立式汽油机；1897年，德国工程师狄塞尔研制成功压缩点火式内燃机（柴油机）。随后，以柴油机和旋转活塞式发动机为动力的内燃机车先后问世，为"石油时代"和"汽车时代"的到来奠定了技术和物质基础（金碚，2015）。而第二次工业革命的成功始终伴随着金融资本国际化和规模化的力量，特别是由投资银行完成了实业的布局，直接融资成为工业经济规模化、集约化发展的重要融资渠道。一个典型的案例就是金融财团与电力的联姻。19世纪后期，摩根大通银行、汇丰银行、渣打银行、德意志银行等应运而生，其中，摩根大通银行在

[①] 由于知识背景和专业视角不同，对工业革命的阶段划分有所不同，也有学者认为目前正在经历第四次工业革命，笔者更倾向于中国人民大学贾根良教授关于第三次工业革命的观点。

整个美国工业的发展过程中起着关键的作用，促进了电力等技术在生产、生活领域的广泛应用。1878年，爱迪生成立了爱迪生电灯公司，并发行了30万美元的股票。但该公司在融资过程中忙于解决技术问题和建立设备工厂，加上各董事因追求即时收益不愿继续追加投资，使得资金很快告罄，电灯技术的改进完善及推广陷入绝境。在关键时刻，摩根大通银行于1880年底决定通过占股的方式提供100万美元的资金，组建新的公司——爱迪生电力照明公司，从而正式掌控新公司的运营，并且获得了国内外白炽灯的经营和销售权利。在技术创新长河中，爱迪生的贡献毋庸置疑，他寻找到最适合做白炽灯灯丝的材料，但摩根大通银行的贡献不应被忽视，正是通过摩根大通银行的资本投入，爱迪生才得以实现技术配套的设备支持，加快了电灯技术上的创新，最终实现了电灯的推广与普及。此外，尼古拉·特斯拉的交流电在电力分配系统的技术创新也离不开摩根大通银行资本的支持。

　　第三次工业革命（从1971年延续至今）以原子能、电子计算机、空间技术和生物工程的发明和应用为主要标志，包括信息技术革命和可再生能源革命两次技术革命浪潮，核心是以人工智能系统替代人类的脑力劳动（贾根良，2016）。在第三次工业革命中，以天使投资、创业投资①、产业投资、并购基金为代表的风险投资模式开始兴起，资本市场的建立发挥着重要的战略支撑作用。风险投资有利于降低科技创新风险，促进科技成果从实验室走向市场。资本市场，如美国的纳斯达克（National Association of Securities Dealers Automated Quotations，NASDAQ，美国全国证券交易商协会自动报价表）市场、日本的"技术创新+资本市场"模式则极大地推动了高新技术的快速发展，全球五家市值最大的公司——苹果、谷歌、微软、亚马逊、脸谱无一例外都在纳斯达克市场上市，中国的百度、高德、迅雷等知名高科技公司也都选择在纳斯达克市场上市。例如，美国的基因泰克公司在成立之初依靠的是创业者的自有资金，公司成立9个月后就获得第一笔85万美元的风险投资，在其成功合成生长激素抑制素后，基因泰克公司得到了95万美元的第三次风险投资。在风险投资支持下，基因泰克公司加大研发力度，一大批技术从实验室研发阶段转向生产，1980年，该公司正式在纳斯达克市场上市。同期，美国有一批类似基因泰克公司的高科技企业通过风险投资和资本市场，获得了技术和产品研发资金，并加速科技成果产业化。

　　综上所述，每一次工业革命几乎都伴随着技术革命的浪潮和金融领域的重大创新（表1-2），新技术的出现及应用是社会变革的前提，并推动产业结构的转型升级，科技创新和金融创新的融合则进一步推动工业革命，促进了经济增长和社会进步。

---

① 创业投资（venture capital，VC）有时也称为风险投资或创业风险投资。

表 1-2 三次工业革命与六次技术革命浪潮

历次技术革命的开始年份和流行的名称	核心国家或地区	动力部门	支柱部门	基础设施	工业革命的区间、特征和主导工业体系
第一次技术革命浪潮（1771年）：产业革命	英国	棉花、生铁	棉纺织工业	运河、轮船、公路	第一次工业革命（1771~1875年）：机械生产方式的革命、轻工业体系
第二次技术革命浪潮（1829年）：蒸汽和铁路时代	英国（扩散到欧洲大陆和美国）	煤炭、生铁	铁路和蒸汽机	铁路、蒸汽船	
第三次技术革命浪潮（1875年）：钢铁、电力和重化工业时代	美国和德国追赶并超越英国	钢	重型机械、重化工、电气设备	钢轨、电话	第二次工业革命（1875~1971年）：大批量生产方式的革命、重化工业体系
第四次技术革命浪潮（1908年）：石油、汽车和大批量生产的时代	美国，后扩散到欧洲	石油	汽车、石油化工、合成材料、内燃机、家用电器	高速公路、无线电、机场	
第五次技术革命浪潮（1971年）：信息和远程时代	美国（扩散到欧洲和亚洲）	芯片	计算机、软件、远程通信、廉价微电子产品（电脑、手机等）	信息高速公路（互联网）	第三次工业革命（从1971年延续至今）：智能与清洁生产方式的革命信息与绿色工业体系
第六次技术革命浪潮（2030年左右）：智能和清洁技术时代	美国、日本、欧盟、中国	可再生能源	机器人、太阳能、光伏建筑一体化、智能装备制造业、新能源汽车、3D（3 dimensions，三维）打印机	智能电网、高速铁路、智能化绿色交通运输体系和其他方面等国民经济体系的智能化	

资料来源：贾根良（2014）

第三节 大众创业需要金融助力

创业能够通过"创造性破坏"的方式促进创新和经济增长，对于实现经济高质量发展具有举足轻重的促进作用。2015年，《国务院关于大力推进大众创业万众创新若干政策措施的意见》（国发〔2015〕32号）文件正式印发，该意见指出，"推进大众创业、万众创新，是发展的动力之源，……对于推动经济结构调整、打造发展新引擎、增强发展新动力、走创新驱动发展道路具有重要意义"。该意见中有个两个专题——"搞活金融市场，实现便捷融资""扩大创业投资，支持创业起步成长",提出了金融支持大众创业的重点目标任务。事实上,由于创业活动本身的复杂性、高风险性和周期性,其对金融的依赖程度往往比科技创新活动更高。

第一,创业活动的复杂性和高风险性决定了创业需要全方位的金融支持。一方面,创业机会和创业活动具有一定的复杂性,创业需要投入大量的人、财、物、技术和信息等资源,人、物、技术和信息等资源的搜集、获取、开发或应用都离不开资金。影响创业意愿和行为的因素众多,包括受教育水平、风险偏好或承受能力、家庭背景、性别因素、政策和法律法规等,而金融资源的可获得性和获得外部融资的难易程度对于个人创业意愿和创业成功率具有关键性的作用(张苏和杨筠,2010),原因在于有效的金融支持能够降低创业的融资约束。另一方面,创业活动是一项高风险活动,创业成功的永远是少数,从技术研发到产品设计再到市场开拓,创业活动的每个环节都充满了未知的风险,这些风险因素来自技术、管理、竞争、团队、意识、市场、政策、法律法规等,创业环境的不确定性加剧了创业风险,在这些风险因素中,资金风险往往会伴随创业活动的始终,资金缺失或中断都会导致创业失败。因此,持续稳定和多元的资金支持是降低或规避创业风险的重要保障和手段。

第二,创业活动的周期性决定了企业成长的不同阶段有着不同的金融需求。企业生命周期理论认为,企业特别是科技企业发展会经历从萌芽到成长,再到最后衰亡的过程,包括种子期、初创期、成长期、成熟期和衰退期五个阶段。其中,种子期或者说创意期,是从技术研发和产品从无到有的最初阶段。伴随产品逐渐走向市场,企业进入初创期,这一阶段企业投入一定的人力和物力,但往往缺少启动资金用于加大技术研发投入和市场开拓。随着企业的不断发展,企业的各种投入也更大,这一阶段企业技术相对成熟,产品市场占有率开始提升,进入稳步成长期。成熟期是企业的技术和产品比较成熟的阶段,市场占有率也比较稳定,随后,部分企业或通过转型升级进入新的成长阶段,或因企业内外部各种因素的冲击进入衰退期。处于种子期的企业科技创新风险较高,产品研发失败或被市场否定的概率较高,融资风险也较大,而处于初创期的企业一般市场开拓压力较大,企业投入大、收入少是一种常态,亟须资金支持。比较而言,种子期和初创期的企业一般主要依靠内部融资,最需要的外部融资是政府财政科技投入的研发补贴、创业投资引导基金的支持及天使投资的注入。而到了成长期和成熟期,企业的资金需求体量更大、资金需求种类更多,所面临的风险也更加多样化和不可测,更多地需要依靠创业风险投资和私募股权(private equity,PE)投资的支持,或者通过在资本市场上市获得资金,同时,企业还可能需要科技保险、科技融资租赁等多种金融工具的支持。处于衰退期的企业融资风险较高,由于资本的趋利性,一般很难再获得资金扶持。也有学者将科技企业生命周期划分为初创期、成长期、发展期和成熟期，同样指出处于不同发展阶段的企业具有不同的融资需求和方式。

第四节　金融创新因科技而改变

科技金融是科技创新与金融创新的融合，二者相互影响，伴随科学技术的高速发展，金融创新反过来需要科技创新的支持，特别是随着新科技的发展及其对金融业的融入，技术的迭代升级及移动互联网、大数据、金融云、人工智能、人脸识别等新概念、新业态、新应用掀起了新一轮科技浪潮，金融科技（financial technology，Fintech）的概念越来越清晰，并可能导致金融业的原有生态发生巨大改变。

现代金融发端于17世纪的荷兰，银行、股票、证券等金融机构的信息化管理及资金在有形市场和无形市场的流动都有科技的影响和作用。特别是近几十年来，科技更是成为金融快速发展的重要推手，第三方支付、区块链、众筹、网贷、保险科技、在线财富管理等金融科技模式因大数据等先进技术的应用而迅猛发展，拓展了金融服务的边界。同时，在征信、反欺诈等金融监管领域，科技也发挥了重要作用，极大地增强了金融监管能力（刘云非等，2017a）。而科技对金融行业的颠覆性冲击得益于两个方面：一是全球数据量的快速增长已经达到引爆新一轮行业变革的规模和水平；二是智能硬件的革命性突破及前沿颠覆性科技在算法、算力方面的使用（尹志超和余颖丰，2018）。

按照国际银行业监管规则制定机构——金融稳定委员会的定义，金融科技是指"技术带来的金融创新，能创造新的业务模式、应用、流程或产品，从而对金融市场、金融机构或者金融服务的提供方式造成重大影响"（刘云非等，2017b），主要包括大数据金融、人工智能金融、区块链金融和量化金融四个核心部分。当前，金融科技已经成为配置金融市场资源的重要手段，促进了资本转化效率的提高，改变了金融产品、服务、组织框架、运营模式甚至是整个金融生态系统。例如，中国建设银行、招商银行、光大银行、兴业银行等纷纷设立了金融科技子公司，旨在提高内部管理效率，抢抓金融科技风口。而包括华为、腾讯在内的高科技公司也开始着手为金融机构提供优秀的金融科技解决方案，涌现出蚂蚁金融服务集团、上海陆家嘴国际金融资产交易市场股份有限公司（陆金所）、京东金融、趣分期（北京）信息技术有限公司等一批专业金融科技公司。

第五节 本章小结

　　时至今日,"科学技术是第一生产力"这一论断依然具有丰富的理论内涵和战略指导意义。历史上的每一次科技革命和产业革命都说明,金融创新与科技创新的有机结合是科技创新和大众创业的重要推进力量,实施国家创新驱动发展战略、建设世界科技强国离不开科技金融的助力。同时,科技创新也在改变金融产品和服务,金融的科技化是基本趋势,但需要注意的是,金融科技所具有的专业性、多变性、多元化特征,在导致金融科技创新提高经济社会运行效率的同时,对传统金融业也会带来持续的颠覆性影响,可能给传统的金融监管带来更多的道德、操作、信用及流动性等风险和不确定性,未来的金融监管体系将面临重大挑战。

第二章 科技金融系统的结构功能与运行模式

科技金融是一个专用名词,科技与金融的结合内在地要求其形成一个有机的系统整体,通过在要素间建立关联形成特定的结构、发挥特定的功能。本章重点界定科技金融系统的基本内涵,分析其要素、结构和功能特征,探讨科技金融系统的形成机理,并解析科技金融系统的运行机制和构建模式。

第一节 科技金融系统的内涵特征

一、内涵界定及相关概念辨析

(一)科学、技术与金融

科技的全称是科学技术,其包含两部分内容:科学和技术。"科学"是指对各种事实和现实进行观察、分类、归纳、演绎、分析、推理、计算和实验,从而发现规律,并对各种定量规律予以验证[①]。而"技术"则被认为是一种建立在社会实践和科学知识基础上,在有目的的生产活动中所使用的方法和工艺的总和(朱克江,2011)。科技创新则是从创意到形成产品再到实现产业化的过程,按照现代创新理论的重要奠基人——熊彼特的经典创新理论,科技创新包含创业行为和活动,而不仅仅是技术研发过程。科技创新的主体是企业和高校院所,科技创新的过程需要企业与高校院所之间的"产学研"合作、金融机构的资金支持及政府的配套政策引导和扶持(图2-1)。

---

① 转引自:中国大百科全书总编委会. 中国大百科全书[M]. 3版. 北京:中国大百科全书出版社,2011.

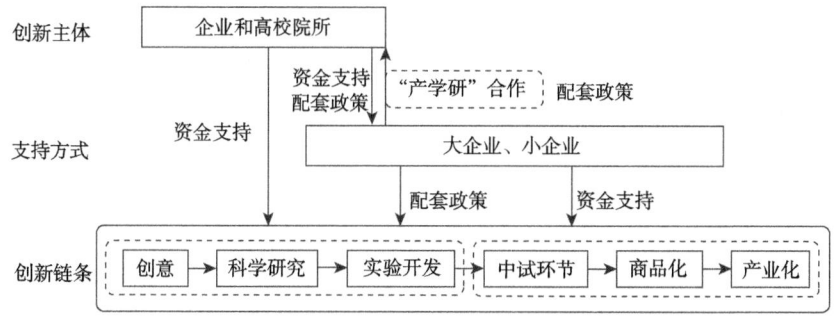

图 2-1 科技创新的规律

资料来源:邓天佐和张俊芳(2012)

"金融"是"货币流通和信用活动及与之相关的经济活动的总称",是现代经济的核心[1]。我们也可以简单地把金融理解为"资金的融通",其中,"融"是指资金的供给需求或借贷,"通"是指资金的流动、流转,资金在供给方和需求方之间的流动、流转就构成金融市场或金融体系的核心。

金融体系中金融活动的参与主体包括四大类:资金供给部门、资金需求部门、金融中介机构和金融监管部门(图 2-2)。

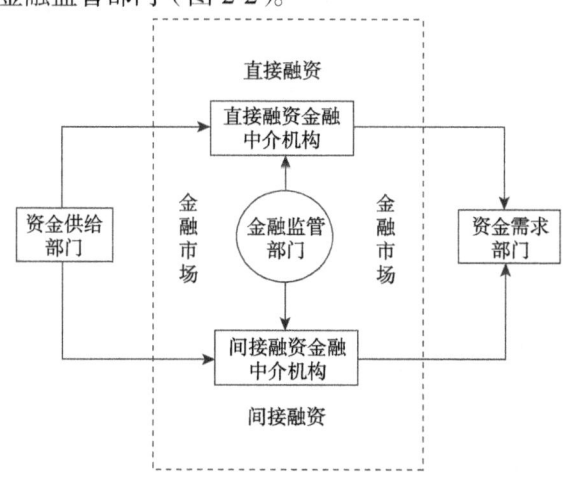

图 2-2 金融体系的构成

资料来源:朱克江(2011)

其中,根据融资方式的不同(直接融资和间接融资)[2],金融中介机构可以分为两类:一类是在直接融资领域中,为筹资者和投资者提供某种服务的机构,如

---

[1] 转引自:中国大百科全书总编委会. 中国大百科全书[M]. 3 版. 北京:中国大百科全书出版社, 2011.

[2] 直接融资是资金供求双方通过一定的金融工具直接形成债权和债务关系的融资形式,间接融资主要是指由银行作为中介金融机构所进行的资金融通形式。

各类证券公司、股权投资机构等;另一类是在间接融资领域中,在债权人和债务人之间发挥"支付中介"和"融资媒介"作用的机构,如各种银行类金融机构(朱克江,2011)。资金需求部门和资金供给部门则包括企业、居民等,根据目的不同,企业和居民等成为资金的贷方或借方。金融监管部门主要是负责对金融行业运营进行监督管理的政府相关职能部门,如中国人民银行、中国银行保险监督管理委员会、中国证券监督管理委员会等,也包括各地方金融监管部门,如地方金融监督管理局或政府金融工作办公室等。

(二)科技金融与科技金融系统

1. 科技金融

科技金融是服务实体经济发展、有效缓解中小企业融资难、促进科技成果转移转化的重要途径,是科技服务业的重要内容之一,是实施创新驱动发展战略和建设世界科技强国的重要支撑。一般认为,1992年中国科技金融促进会的成立,标志着"科技金融"一词最早在我国出现。科技金融概念真正被使用是在1994年在广西南宁召开的中国科技金融促进会首届理事扩大年会上,大会提出"我国科技金融事业是根据科技进步与经济建设结合的需要,适应社会经济的发展,在科技和金融体制改革的形势推动下成长发展起来的"。

目前,国内学术界对科技金融的定义普遍沿用的是赵昌文等(2009)在《科技金融》一书中的表述。赵昌文等(2009)认为"科技金融是促进科技开发、成果转化和高新技术产业发展的一系列金融工具、金融制度、金融政策与金融服务的系统性、创新性安排,是由向科学与技术创新活动提供金融融资资源的政府、企业、市场、社会中介机构等各种主体及其在科技创新融资过程中的行为活动共同组成的一个体系"。这一定义强调了科技金融的金融属性,同时也突出了科技金融服务科技创新的特殊属性。在此基础上,科技金融也被定义为"国家创新系统和金融体系的重要组成部分,是指股权投资、银行、保险等各类金融机构、中介服务机构及政府金融管理部门,通过创新金融产品,改进服务模式,搭建服务平台,实现金融创新机制和科技创新资源的有机融合,为从种子期到成熟期各发展阶段的科技企业提供直接或间接的投融资服务的一系列市场化行为和政策制度安排"(徐烁然等,2018;易明等,2019)。

与科技金融密切相关的另一个概念是金融科技。在第一章中本书已经介绍了金融科技的概念,它主要是指为金融创新提供支持的科技创新。由于科技金融是个新生事物,理论研究和工作实践中经常出现将"金融科技"与"科技金融"混为一谈的现象,甚至以"金融科技"取代"科技金融"。然而,二者在实质上有着显著的差异，总体来看，金融科技是由科技创新驱动金融发展，为金融业的网络化、数字化、智能化转型提供包括人工智能、云计算、大数据、区块链等现代信息技术条件，落脚点是"科技"，其目的是提高金融效率，参与主体是科技企业。而科技金融的落脚点则是"金融"，其目的则在于促进科技创新，参与主体或者说提供产品和服务的主体是金融机构。虽然科技金融与金融科技本质不同，但在实际发展中，金融科技与科技金融的关系密切，一方面，金融科技可以为科技金融创新提供科技支撑；另一方面，科技金融是金融科技存在的前提和基础，也是其服务对象和载体。

2. 科技金融系统

《辞海》中对系统的定义是"同类事物按照一定的秩序或关系而组成的整体"。据此，可以将科技金融系统定义为："一定时间、一定区域内，由科技金融相关要素及其外部环境所构成的统一的有机整体"。根据这个定义，首先，科技金融系统属于一定的时间和空间范畴，这也决定了科技金融系统会随着时间的变化而变化，并且在不同的区域有着一定的空间差异性。其次，科技金融系统由相关的要素及其所处的外部环境组成，相关的要素包括科技要素和金融要素，外部环境既包括科技政策、金融政策等软环境，也包括条件平台等硬环境。最后，科技金融系统是一个有机的整体，也就是说，一方面，各相关要素之间、相关要素及其外部环境之间存在一定的有机联系；另一方面，这个有机整体具备或能够实现特定的功能。

二、科技金融系统的基本特征

（一）范式性

科技金融是科技创新与金融创新的有机结合，是一种技术—经济范式。科技金融的产生和发展首先建立在其服务和促进科技创新的基础上，科技创新影响了经济社会发展的方向、速度和水平，金融创新则是科技创新的助推剂，二者之间的密切关系决定了科技金融不是单一的技术范式或经济范式，而是技术与经济有机联系的系统范式。

（二）多元性

科技金融系统具有的多元性主要表现在：第一，科技金融系统的构成要素是多元的，包括科技企业、金融机构、中介服务机构和政府部门要素等，这些要素具有的个体特征和功能是多样的；第二，科技金融系统的外部环境是多元的，既包括硬件环境也包括软件环境，同时，这种外部环境对科技金融系统带来的影响也是多元的，既可能是正向促进的，也可能是反向阻碍的，并且这些环境造成的影响效应大小也不同；第三，科技金融系统具有的功能是多元的，它既能够促进科技创新，也能够促进金融创新，既能够减少科技创新风险，也能够减少金融风险，同时，也能够产生新产品、新服务、新业态和新模式；第四，不同时间和不同区域的科技金融系统也表现出差异性，如有的区域的科技金融系统是政府主导的，有的是银行主导的，有的则可能是股权投资机构主导的或中介服务机构主导的。

（三）层次性

系统层次性是指系统各要素在系统结构中表现出的多层次状态的特征。科技金融系统的层次性主要体现在两个方面，一方面，科技金融系统由若干子系统构成，这些子系统分别由企业、金融机构、中介服务机构和政府部门要素及其相互关系组成，既包括企业子系统、金融机构子系统、中介服务机构系统、政府部门子系统，也包括融资交易子系统、监督管理子系统及风险管理子系统等。另一方面，每个细分子系统也具有一定的层次性，如金融子系统中的资本市场具有一定的多层次性，美国的资本市场包括主板市场、以纳斯达克市场为核心的二板市场、区域性市场和场外交易市场三个层次；中国的资本市场由主板市场、二板市场、三板市场、四板市场等构成，形成一定的层次结构。

（四）增值性

科技金融系统的增值性同时体现在其对科技创新和金融创新的促进和增值作用上。首先，科技金融是一个技术资本化的过程，是科技创新成果从实验室走向市场，通过资本证券化的方式形成新的财富的过程。特别是不同的科技金融产品和服务为科技创新提供了从创意到产品、从产品到产业化、从产业化到资本市场再提升等一系列增值可能。其次，科技金融是一种金融资本有效增值的过程。信贷、股权投资、资本市场、科技保险等不同类型的金融资本通过支持科技创新和科技企业的成长发展，在获取高附加值回报的同时也获得了分散金融风险的更多途径。最后，科技金融本身也是现代服务业的一种，科技金融是一种特殊的金融服务业，其发展能够成为现代服务业的有益补充，能够促进产业结构的合理化和高端化，提高经济发展质量。

（五）创新性

科技金融系统是科技创新系统的重要组成部分，其创新性特征主要来自科技创新和金融创新的双重作用。一方面，科技创新和金融创新的速度、规模、结构会影响科技金融系统的创新性；另一方面，科技创新与金融创新相互作用，通过推力作用加速了彼此的创新过程，并更进一步促进了科技金融系统的创新。此外，科技金融系统的创新性特征还体现在科技与金融结合能够带来新的科技产品服务、新的金融产品服务及其他新业态、新模式，甚至是新的行业类别。

三、科技金融系统的形成与演进

（一）科技金融系统的形成

科技金融系统的形成具有一定的现实动因，即科技企业的融资缺口。一方面，科技企业在不同的发展阶段具有不同的融资需求，从最开始主要利用自有资金，再到利用债券和股权投资资金，不同阶段的不同融资需求导致其需要不同的金融产品和服务。以股权投资为例，如图 2-3 所示。

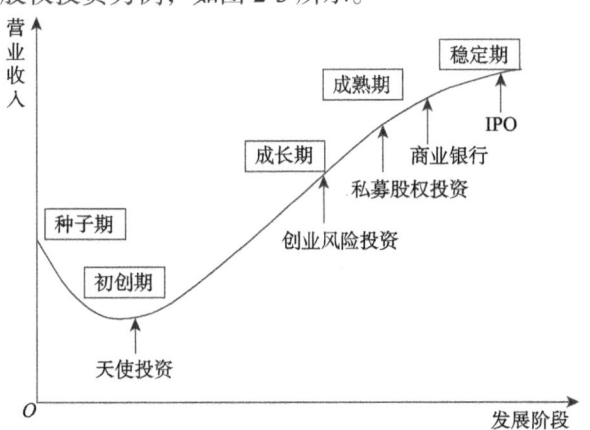

图 2-3　企业发展不同阶段的股权投资类别

IPO：initial public offerings，首次公开募股

资料来源：刘曼红和王佳妮（2015）

在种子期和初创期，企业资金需求不大，主要需要天使投资；成长期资金需

求量增加，需要创业风险投资支持；而到了成熟期和稳定期，企业规模大、股权贵，这时就需要私募股权投资的注入，融资需求更加多元化。另一方面，科技企业同时具有创新性和风险性特征，相较于传统企业，科技企业的风险更大但创新能力更强，所从事的行业一般也是高新技术行业或新兴行业，这导致传统的、没有考虑科技创新特征及科技企业特征的金融产品和服务方式无法满足科技企业的实际需求。另外，资本市场的趋利性决定了单一依靠市场提供资金可能会存在"市场失灵"的问题，而同时考虑到科技企业在创新领域的重要作用，需要政府部门提供公共服务和支持。进而，针对科技企业的特殊性，围绕科技企业的融资缺口，科技与金融逐渐融合与衍生，实现科技创新与金融创新的结合，相关要素逐渐构成一个有机的科技金融系统整体（图2-4）。

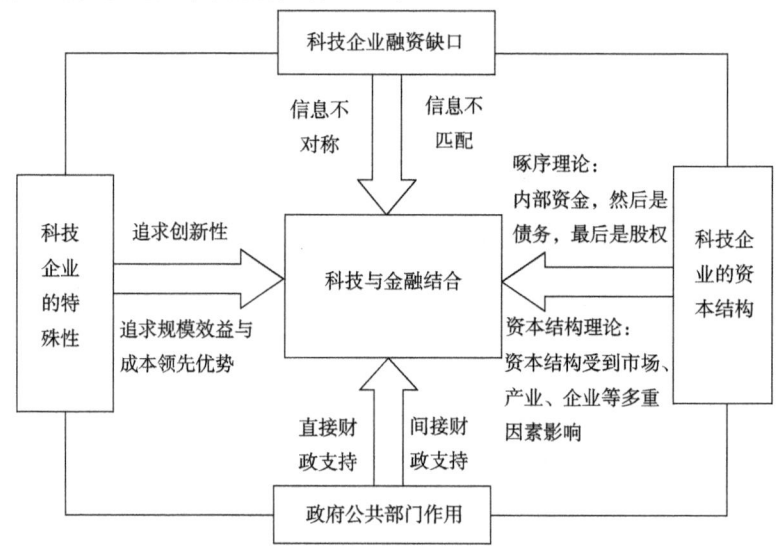

图 2-4 科技金融系统形成机理

资料来源：根据赵昌文等（2009）、徐玉莲和王玉冬（2013）、张华（2016）等整理绘制

（二）科技金融系统的演进

科技金融系统具有生态系统的基本特征，也是一个不断演进的过程。从最初的金融市场主体和科技企业之间因各自不同的需求和目的而达成一定的合作共识，以及政府部门开始从顶层设计着手，营造科技与金融结合的环境，到金融市场主体为服务科技企业而创造各类金融创新工具、产品和服务，再到各种各样的金融产品和服务资源及政府政策资源的整合，最后科技金融系统逐渐发挥其特定的功能，实现其促进科技创新和实现资本增值的效能。在这一过程中，科技金融

系统也逐渐从萌芽到发展再到逐渐走向成熟，其功能实现也逐渐发生由小到大、由弱到强、由不全面到全面的转变（图2-5）。

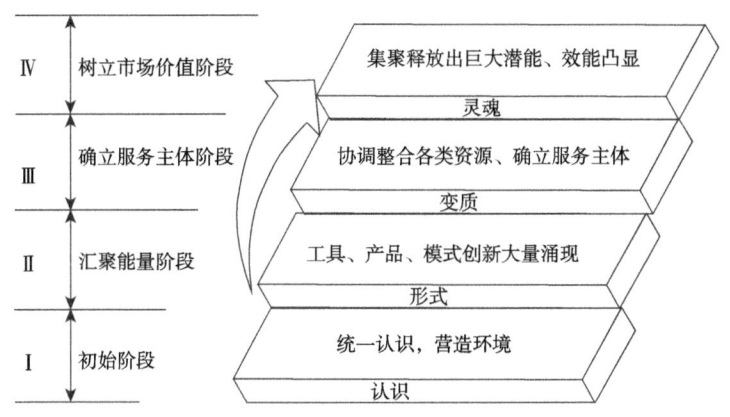

图 2-5 科技金融的阶梯式发展过程

资料来源：邓天佐和张俊芳（2012）

当然，科技金融系统及其子系统并不一定会随着时间的变化而一定走向成熟，或者说，科技金融系统的功能发挥并不一定会成为一种必然。应当看到，作为一个有机整体，科技金融系统也具有一定的市场风险和系统风险，也会受到内部环境和外部环境不利变化的冲击而导致系统出现问题，影响系统的稳定性，甚至导致系统的崩溃或是走向衰落。科技金融系统具有的这种风险属性，说明在规避和防范金融风险的过程中，也同样需要重视科技金融风险，特别是鉴于科技金融创新相较于一般的金融创新，速度可能更快、影响可能更大、风险可能更高，对科技金融系统的监管也就提出了更高的要求。

第二节 科技金融系统的结构功能

一、科技金融系统的要素结构

（一）科技金融系统的构成要素

从科技金融系统的构成要素来看，其主要包括科技企业、金融机构、中介服务机构及政府部门四大基本要素（图 2-6）。一是科技企业要素。作为科技金融的资金需求方，科技企业作为技术研发与创新的重要载体，其对创新资本的巨大需求拉动了科技金融系统的日常运行，是科技金融系统的重要组成因素。二是金融机构要素。作为科技金融的资金供给方，商业银行、股权投资机构、资本市场等金融要素是科技金融系统中重要的投资与供给主体，为科技企业融资提供相应的产品与服务。三是中介服务机构要素。中介服务机构是科技金融系统运行中的重要"辅助器"与"连接器"，主要包括科技保险机构、信息管理平台、担保机构、评估机构等专业金融服务机构及律师事务所、咨询机构等相应配套设施。四是政府部门要素。一方面，政府部门利用财政科技拨款、税收减免、贷款贴息、成立专项引导基金、政府采购等方式，为科技企业各阶段、各环节的发展提供直接或间接的融资渠道，实现财政资本的供给、示范与引导功能，重点扶持关键领域、关键技术、关键区域的科技融资，进一步发挥杠杆效应；另一方面，政府部门作为科技金融系统运行中的重要管理者与引导者，在政策制定、统筹规划、文化环境建设、基础设施建设等方面发挥重要影响。

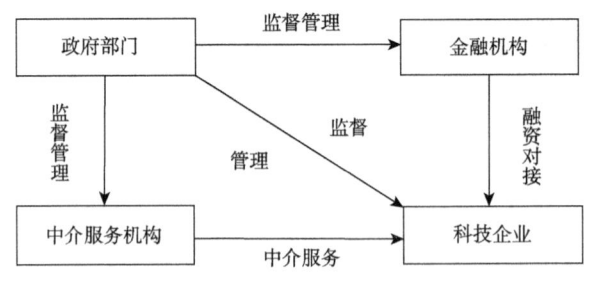

图 2-6 科技金融系统要素

（二）科技金融系统的体系结构

1. 基于构成要素的科技金融系统体系结构划分

从科技企业、金融机构、中介服务机构和政府部门四大系统构成要素看，科技金融系统可以划分为企业子系统、金融子系统、中介服务子系统和政府部门子系统。从相关要素的关系角度，可以进一步将科技金融系统划分为科技金融供给子系统、科技金融需求子系统、科技金融中介子系统和科技金融政府子系统。上述每个子系统主要根据自身的需求和要素特征扮演一定的角色并发挥特定的功能。例如，科技金融供给子系统是指各类金融机构组成的子系统，主要是资金的供给方；科技金融需求子系统主要是由各类科技企业组成的子系统，不同的科技企业所处的发展阶段不同，它们的资金需求也具有明显的差异；科技金融中介子系统由各类科技金融中介服务机构组成，主要提供科技金融中介产品和服务；科技金融政府子系统主要是由政府部门为促进科技与金融结合研究制定的各项政策工具构成，也包括政府部门的监督管理职能，其功能主要是为科技金融系统提供良好的发展环境。

上述各个子系统根据要素间相互关系形成特定的结构，如图 2-7 所示。科技金融供给子系统和科技金融需求子系统共同构成供求关系，科技金融中介子系统则在供求双方之间扮演桥梁和纽带的作用，科技金融政府子系统则为科技金融供求双方和中介方提供良好的发展环境。缺少任何一个子系统，科技金融系统都是不完整或不完善的，科技金融系统生态建立在各个子系统的紧密联系、相互促进基础上。

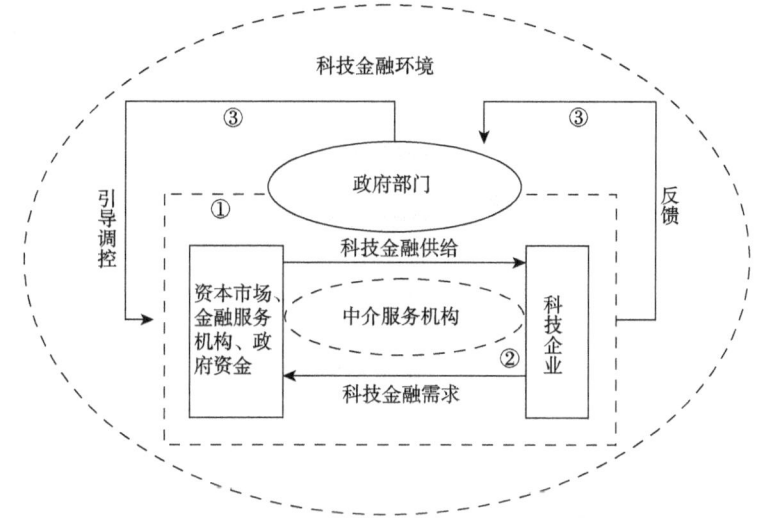

图 2-7　基于构成要素的科技金融系统体系结构

①代表科技金融系统的供求体系；②代表科技金融系统的服务体系；③代表科技金融系统的监管体系
资料来源：根据徐玉莲和王玉冬（2013）、张华（2016）等整理绘制

2. 基于系统功能的科技金融系统体系结构划分

科技企业、金融机构、中介服务机构、政府部门四大要素相互组合、相互影响、相互作用，根据系统功能的不同，形成融资交易、监督管理及风险管理三个子系统，共同构成科技金融系统体系结构（图 2-8）。

1）融资交易子系统

由于技术研发风险大、周期长、信息不对称、融资成本高、抵押物不足、信用环境较差等矛盾的限制，科技企业在初创、设计研发、商业化生产等环节表现出不同程度、不同类型的"融资难"问题。科技金融融资交易子系统的运行，帮助科技企业快速对接银行、资本市场、创投风投机构等融资平台，降低科技企业融资成本，简化各环节审批执行流程，优化融资环境，激励金融产品服务创新，

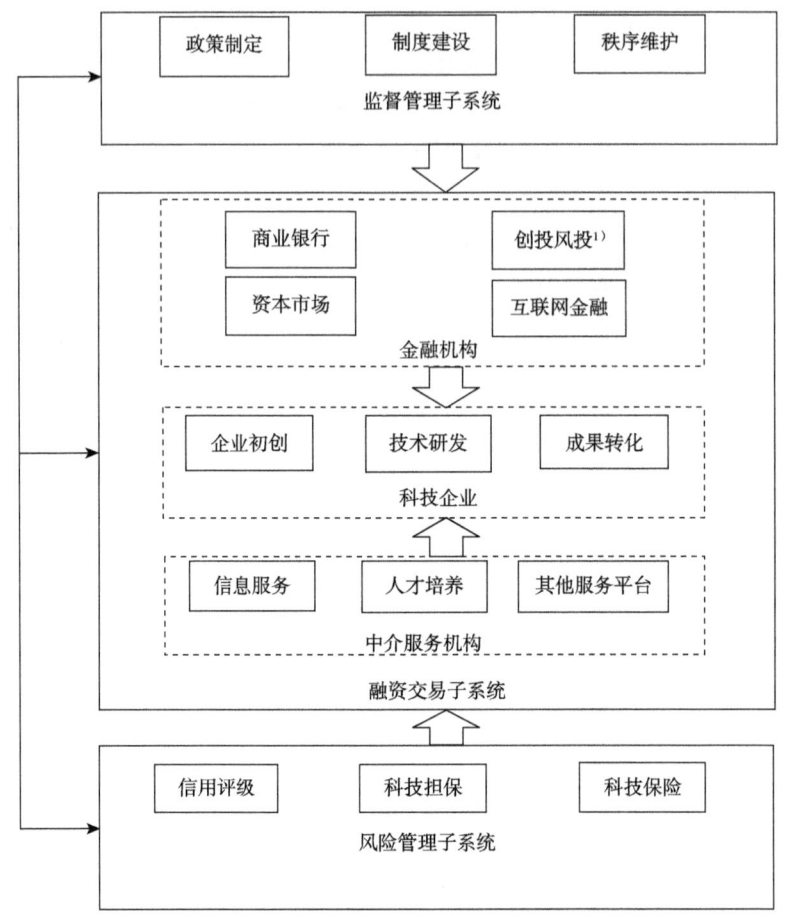

图 2-8 基于系统功能的科技金融系统体系结构
1)创投:创业投资;风投:风险投资
资料来源:根据赵昌文等(2009)、徐玉莲和王玉冬(2013)、张华(2016)等整理绘制

增强科技企业融资、引资能力,有效引导各类资本资源向科技企业流动,满足科技企业尤其是科技型中小微企业的资金需求。

第一,商业银行在传统信贷模式的基础上,根据企业实际融资需求与区域政策制度体系建设情况,积极与担保机构、保险机构、科技园、产业孵化器、信用征信机构等开展深入合作,进一步推进科技金融产品与服务的改进和更新,充分考虑不同行业、不同规模、不同结构的科技企业的不同需求,设计和定制差异化、个性化、私人化的科技信贷产品,大力发展知识产权质押贷款、投贷联动、银保联动等投融资新模式,鼓励有条件、有基础的银行成立科技支行,打破科技型中小微企业、初创企业"前景好、风险高、耗时长、资本积累不足"的融资瓶颈;

第二，创投风投机构合理筛选高潜力、高收益的优质项目，通过股权融资等途径，为科技企业解决融资难题，利用自身管理经验与优势，参与企业发展决策，帮助已投资企业整合各界资源、完善组织机制、优化企业管理，同时积极与银行合作，进一步扩大融资规模，分担融资风险，提高融资收益，增强融资效率；第三，完善且成熟的资本市场为银行、创投风投机构等提供多层次的准入退出机制，也为科技企业发展提供多元化的融资途径，同时新三板、四板、创业板、科创板等多层次资本市场通道为新兴产业培育及高新技术企业孵化提供有力支持。此外，随着信息技术的快速更新与成长，互联网金融亦逐渐成为科技企业融资渠道的关键一环，通过互联网支付、网络征信、众筹等方式，为科技企业发展提供更高效、更快捷、更简便的融资服务。

此外，企业、融资机构等主体间的信息不对称、不及时、不完整，导致道德风险、供需错轨、逆向选择等现象的产生，降低科技金融市场的运行效率，增大企业、银行、金融机构等主体的风险水平，不利于科技金融系统日常运行的有序与稳定。作为衔接科技金融供需双方的重要纽带，相关中介服务机构合理筛选、传递、发布和分析产业需求、政策变化、价格趋势、产品差异、市场反馈等相关信息，提供信息管理、资格审查认定、成果转化、技术顾问、市场调研、法律咨询、资产评估、人才培养等相关专业服务，进一步破除科技企业在融资交易过程中面临的各类障碍。

2）监督管理子系统

政府部门是科技金融监督管理子系统中的主要要素，通过监督管理子系统的运行，对科技金融系统的日常运作发挥调控、监管、规范、约束的功能。一是政府部门根据科技企业研发、生产等各环节需要，制定和完善科技金融系统发展政策，加强顶层设计，实现科技金融系统的宏观调控与全局规划，合理分配各类资源，有效平衡各方利益；二是政府部门进一步推进科技金融系统制度体系建设，整合现有系统资源，创新系统运行模式，针对市场主体行为规范、利益分配、资金管理等问题，完善相应制度体系；三是政府部门通过建立健全科技金融系统组织体系，有效调动科技、金融等各领域要素资源，破除行政壁垒，打破区域限制，实现科技、金融、财税等各部门深入合作、科技市场与金融市场相互补充的横向协同发展，以及省、市、区各级政府统筹规划、层层递进、上下统一的纵向协同发展，保障科技金融系统的高效、稳定、有序运行；四是政府部门作为科技金融系统的监管者，能有效推动科技金融文化环境建设，营造创新创业、包容开放的社会文化氛围，打造设施齐全、功能完善的发展空间环境，通过政府"有形之手"，监督和管理科技金融系统运行秩序，维护和约束科技金融市场发展规范。

3）风险管理子系统

风险管理子系统通过建立信用档案、完善科技保险业务等手段，有效降低和防控科技金融发展风险，提高科技金融系统运行效率。对于投资方而言，风险管理子系统有效整合科技金融市场信息，推进社会及个人信用体系建设，帮助金融机构了解融资企业信用水平、技术风险、经济效益价值、生产经营水平等重要信息，为金融机构决策提供合理依据；对于融资企业而言，风险管理子系统针对科技担保、科技保险等领域提供全阶段、全流程的专业化服务，帮助企业降低和规避融资风险、防止资金损失。

二、科技金融系统的主要功能

通过政策、机制、平台、产品、服务等各环节的不断创新，科技金融系统有效整合和配置科技、经济、金融等各类资源，推动创新链、产业链、资金链、政策链、人才链的协调发展，具备资金融通、风险防范、中介服务、结构优化四项主要功能。

（一）资金融通功能

随着全球经济的快速增长，高新技术产业迎来爆发式发展，科技企业尤其是科技型中小企业、初创企业的融资问题成为社会关注的热点。在此形势下，科技资源与金融资源的相互需要，以及科技市场与金融市场的相互补充推动了科技金融系统的构建与发展，是科技与金融深度融合的重要引擎。

随着科技金融系统的稳定运行，科技企业、金融机构、中介服务机构等主体实现全面对接，以相关政府部门的指导方针为引领，大力完善科技融资机制，积极创建绿色融资通道，利用科技小贷、知识产权质押、债权融资、银保联动、股权融资、投贷联动等方式，有效解决科技型中小企业、初创企业资产积累少、信用体系不完善、贷款额度小、缺乏融资渠道与抵押物、手续流程繁杂、融资成本高等突出矛盾，全面满足科技企业各阶段、各环节的融资需求，扶持高新技术产业做大、做优、做强，推动区域经济健康、高效发展。

（二）风险防范功能

科技金融较高的收益水平背后，意味着其大于普通渠道的潜在资金风险，因此，科技金融系统运行的一项重要功能就是分担和补偿科技企业融资风险。在科技金融系统中，科技企业通过健全的资本市场、中介服务市场等，能有效规避和减少创业、孵化、上市等各阶段及融资信贷、技术研发、财务管理等各环节的风险。科技金融系统的风险防范功能的实现主要通过三个渠道实现。

一是加强信用管理，积极推进区域个人及企业信用体系建设。政府加大宣传引导力度，帮助科技企业培养和树立相应的信用管理意识，提高自身信用等级与信贷能力。科学构建企业信用评价指标体系，合理制定评判标准，充分发挥其激励、约束及管理、参考职能。加快推进信用评级机构建设，对企业的各类信息进行整合、分类和甄别，为金融机构提供准确、有效、客观的信用服务，保障金融机构投资与科技企业融资间的风险控制，降低信用信息不对称导致的风险隐患。

二是积极推进担保机构建设，有效完善和扩大科技担保业务。深入推进担保服务机构、行业协会、金融机构、科技企业、高新产业园区等交流协作，进一步完善和创新科技担保模式，构建多层次的担保服务市场，有效防控和缓解科技企业各类风险。

三是重视科技保险行业发展，积极推进银行、保险公司、信用担保公司间的深度合作，有效扩大科技保险承保范围、提升科技保险赔付额度、优化科技保险运行模式，创新科技保险产品种类。

（三）中介服务功能

一方面，科技金融系统为科技企业等各类参与主体提供完善的信息管理服务。通过建设信息管理服务平台，有效整合金融、工商、财税、科技等各政府部门及金融市场、科技市场的信息资源，充分发挥信息搜索、筛选、存储、传递、分析、发布等多种功能，保障科技金融系统信息服务的完整、及时、有效，帮助金融机构了解融资企业市场前景、经营情况、信用水平、风险收益等基本信息，合理筛选优质投资项目，协助科技企业掌握政策制度变动与市场演变趋势，有效减少科技融资成本，为投融资双方信息共享、资源对接奠定基础。

另一方面，律师事务所、会计师事务所、咨询机构等配套服务机构为科技企业融资提供法律、财务、技术咨询、价值评估等相关服务，全面解决科技企业对资金融通使用的各类需要。

（四）结构优化功能

科技金融系统的构建和稳定运行，能够发挥一定的资金融通功能、风险防范功能和中介服务功能，有利于促进科技与金融相结合，催生科技金融产业和现代科技服务业，有利于改造升级传统产业、培育发展战略性新兴产业，并能孕育催生先导性产业（图 2-9），进而提高产业结构的合理化和高级化水平，促进产业结构的优化。而产业结构的优化能够进一步促进经济增长，从而形成"科技金融系统完善—产业结构优化—经济增长"的良性循环。当然，如果科技金融系统出现问题，也会制约产业结构优化的进程和水平，反而成为经济增长的制约因素。

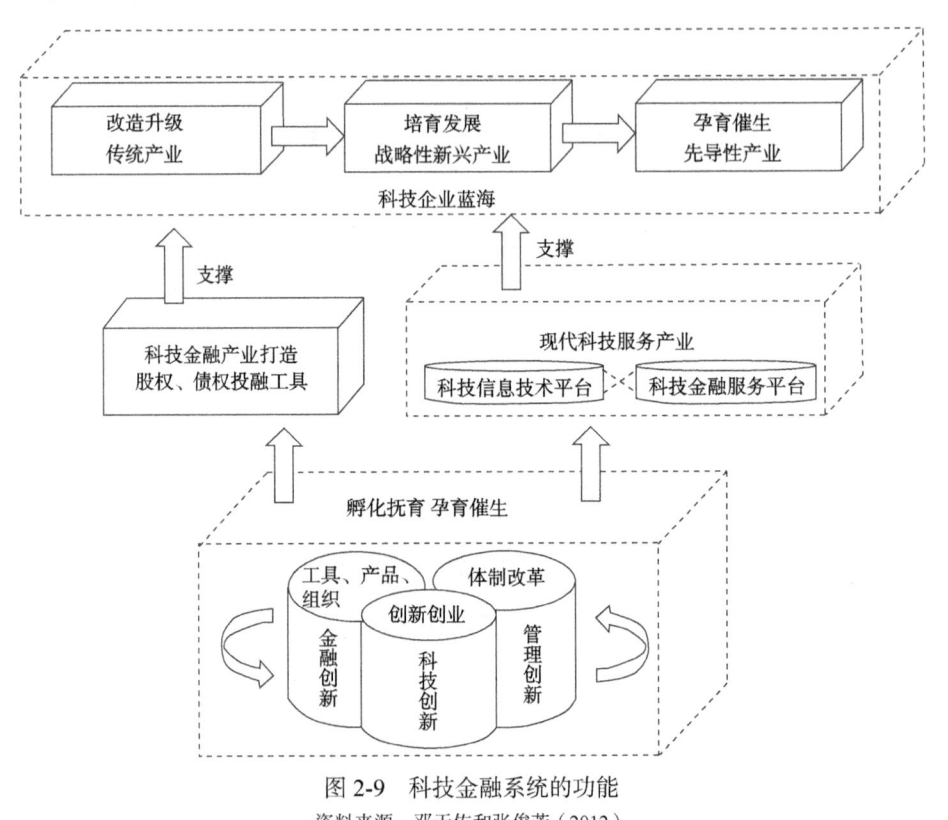

图 2-9　科技金融系统的功能
资料来源：邓天佐和张俊芳（2012）

第三节　科技金融系统的运行机制

作为一项复杂的有机系统，科技金融系统由多个主体、多个领域、多个产业共同形成，其日常运行受到地区经济发展程度、政府政策与法律环境、科技与金融市场体制机制建设情况、技术水平与创新能力等多重因素的影响。根据主导对象与作用功能的不同，科技金融系统运行机制可分为三种主要类型：市场交易机制、风险管理机制及激励约束机制。

一、市场交易机制

市场交易机制是科技金融系统日常运行中的核心机制，是金融机构或政府为解决科技企业融资需求而提供相应金融产品服务所进行的各类交易行为与制度体系的总和，由政府、金融机构等系统基本要素共同参与，通过财政拨款、创投风投、科技信贷、知识产权质押等多种交易途径与形式共同运行。

一是政府根据科技发展融资需求及财政预算情况，成立科技金融专项资金，通过财政拨款等手段，为培育孵化科技企业及建设完善相关产业平台与设施提供融资支持与金融服务。该交易机制主要以政府部门与财政资金为主导，风险与成本相对较低，是处于科技金融系统建设初始阶段或存在资本市场不成熟、融资渠道不完善、科技研发不理想现象的国家或地区最主要的科技金融交易机制。

二是科技信贷，科技企业为推动产品及技术研发、促进科技成果商业化生产，向银行及科技金融专营机构等申请贷款并按照合同规定还款付息。科技信贷进一步发挥信贷资金的杠杆效应，合理撬动社会资源、有效放大社会资本，有效解决科技企业融资需求。

三是科技企业通过股权融资等方式获取创投风投机构及相关基金会组织的资金支持，政府及创投风投机构根据区域发展重点产业目录，综合考虑风险成本、经济收益、企业发展前景等多种因素，合理筛选优质项目，利用创投风投资金、引导基金、种子基金、新三板投资基金等途径，为有潜力的科技企业提供相应的资金支持。

四是知识产权质押贷款，科技企业以专利权、著作权等无形资产作为质押，资产评估机构等对其经济价值进行专业评估，同时结合科技担保机构担保、政府基金担保、专利权反担保等担保机制，向银行等金融机构申请融资贷款。

二、风险管理机制

政府及创投风投、科技担保、科技保险等金融机构是推动风险管理机制运行的重要主体。一方面，政府作为市场调节与体系建设的重要推手，利用政策引导、制度约束、直接介入等多种形式，进一步管控和治理信息不对称、主体地位不平等、过度交易、价格动荡、资产泡沫、操纵市场、信用担保体系不健全等因素引起的市场失灵现象，利用科技金融风险管理机制的有效运行，推进各区域科技金融系统建设。另一方面，成熟、规范、完善的资本市场及担保机构、保险机构等金融机构，以其专业的人才、管理体系等为依托，在风险防控管理领域发挥相应职能，有效解决融资双方信息不对称、间接融资模式与科技企业发展需求不匹配等矛盾，权益性融资手段有效推进企业风险的横向与跨期分散，合理规避和降低科技企业的投资与研发风险，进一步吸纳各级社会资本。

其中，以融资机构与资本市场为主导的科技金融风险管理机制主要包括以下三点。一是信用体系建设。利用专业的信用评价机构统计、整理、分析科技企业信用信息，建立系统、完善的科技企业信用档案数据库，为科技金融系统运行提供有效的信用保障，减少和防范不良贷款等问题的产生。二是科技担保建设。科技担保机构利用贷款担保、融资信托计划担保、质押担保、专利权反担保等多种形式，为科技企业融资提供多样化、专业化、规范化的担保服务，提高企业融资成功率，降低融资成本，控制融资风险。三是科技保险建设。科技企业针对研发、生产、经营等各环节面临的风险隐患，向科技保险机构购买相应科技保险产品，利用保险金赔付的形式实现科技金融风险防控与补偿，推动系统风险管理机制有效运行。

三、激励约束机制

政府作为市场管理调控的主导者，是建立科技金融激励与约束机制的重要部分。

一方面，政府通过创建融资引导基金，对符合条件的科技企业实行财政补贴、贷款贴息、减税免税等优惠政策，以及对绩效良好的金融机构进行资金奖励等措施，进一步发挥科技金融激励机制的职能与作用。

另一方面，政府针对科技金融系统各领域发展情况出台相应规定制度，约束和规范科技金融系统运行秩序，成立专项工作小组，定期开展科技金融监管、考核与反馈工作，有效形成科技金融约束机制。

除此之外，银行、创投风投机构、种子基金等由于股权融资，与科技企业达成紧密合作关系，对企业的管理层决策、经营计划制定及日常运行形成一定的监管与约束作用。

第四节 科技金融系统的构建模式

一、科技金融系统的构建模式分类

科技金融系统的构建模式，即促进科技创新与金融创新结合的方式，以及实现系统要素之间相互联系、形成一定的结构并发挥特定功能的方式。科技金融系统的构建模式主要受到科技企业的需求、科技创新水平、金融发展水平、地区经济发展水平、金融监管能力、科技创新和金融管理体制机制等多个因素的综合影响。根据科技金融系统的构成要素及系统分类，可以将科技金融系统的构建模式划分为市场主导型、银行主导型和政府主导型三种，如表 2-1 所示。

表 2-1 科技金融系统的构建模式

基本模式	典型适用特征	融资支持方式
市场主导型	股权投资机构成熟 资本市场比较发达 中介服务机构众多	主要依托商业信用融资 股权投资 多层次资本市场 形式多样的科技金融产品和服务创新
银行主导型	银行体系相对健全 银行与企业之间关系紧密 银行与企业合作关系稳定	主要依托银行信用融资 各种银行科技信贷产品
政府主导型	股权投资发育较慢 资本市场尚不完善 银行资金供给不够 政府支持能力较强	直接财政支持，如财政科技投入 间接财政支持，如政府引导基金

其中，市场主导型主要是指以股权投资机构为主导的科技金融系统构建模式。在这种模式下，股权投资机构在促进科技与金融结合方面扮演了重要的角色，为不同发展阶段、不同类型的科技企业提供多元化的科技金融产品和服务。科技企业也更多地选择通过股权投资机构获得所需的资金，典型的代表国家有美国和英国。银行主导型主要是指以银行为主导的科技金融系统构建模式。在这种模式下，商业银行、政策性银行等与科技企业建立长期稳定的合作关系，通过银行信用解决科技企业的融资需求，典型的代表国家有德国和日本。政府主导型主要是指政府发挥主要引导作用并为科技企业提供资金支持的科技金融系统构建模式。在这

种模式下，政府通过直接的财政支持或间接的引导基金等方式，满足科技企业的融资需求，典型的代表国家有中国与印度。

需要说明的是，不论是市场主导型、银行主导型还是政府主导型科技金融系统构建模式，都无法单一地通过股权投资机构、银行机构或政府部门满足科技企业的融资需求，不同的构建模式都需要其他要素的参与，共同成为科技金融资金和服务的供给方。只是说，在某种特定构建模式下，某一类主体发挥了相对更为重要的作用。

二、科技金融系统构建模式的比较分析

不同的科技金融系统构建模式具有不同的优劣势。

（1）市场主导型科技金融系统构建模式的优势在于市场配置资源的有效性。包括股权投资在内的资本会以价值和利润为导向选择投资项目，其自身所建立的独特的风险规避机制也有利于分散市场风险；而资本市场具有的相对透明的监管机制则有利于促进企业提高生产经营和财务管理水平。市场主导型科技金融系统构建模式的劣势则主要在于以股权投资为主的融资过程容易受到市场环境的影响，特别是比较容易受到市场资金充足性和流动性的影响，而资本的趋利性可能导致科技型中小企业各个发展阶段的稳定的融资来源无法保障。并且，资本市场本身也具有一定的波动性，会对企业的正常生产经营管理造成一定的影响。

（2）银行主导型科技金融系统构建模式在融资关系上更加稳定与长久，所融资金的安全系数也相对较高，但其融资手续相对复杂，获得贷款时间也相对较长，特别是科技型中小企业获得资金支持的难度较大。此外，银行体制的高度发展也会限制非银行类金融机构和资本市场的发展，很大程度上减少了股权投资资金的来源及其可使用的范围。

（3）政府主导型科技金融系统构建模式的优势在于政府能够提供的资金来源相对稳定，渠道信息的可获得性较高，同时，政府的资金支持具有一定的示范性，可以引导社会资金支持科技企业发展。其劣势也比较明显，一方面，政府提供的资金数量有限，并且用途和管理一般比较严格，不能满足科技企业不同发展阶段的资金需求，政府资金的引导性作用发挥容易受到各方面因素的影响；另一方面，相较于市场主导型科技金融系统构建模式，政府配置资金资源往往对企业的价值和利润关注度相对较低，对风险的把握和控制能力也相对较低，导致这种资源配

置效率相对较低,并且,由于政府提供资金的成本较低,可能会诱发企业寻租行为的产生。

科技金融系统不同构建模式比较如表 2-2 所示。

表 2-2　科技金融系统不同构建模式比较

优劣势	市场主导型	银行主导型	政府主导型
优势	市场资源配置效率较高 风险甄别机制较为完善 倒逼企业规范经营管理	融资关系相对稳定 资金安全系数较高 系统风险水平较低	资金来源相对稳定 资金信息相对公开 具有引导和示范性
劣势	容易受市场环境变化影响 资本趋利性存在一定弊端	手续相对复杂 获取难度较大 产品服务单一 可能产生"挤压"效应	资金数量相对有限 可能出现政府失灵 资源配置效率较低 可能诱发企业寻租

需要说明的是,目前并没有经验证据表明哪种主导模式的科技金融系统是最优的,相对而言,市场主导型科技金融系统构建模式的效率更高。此外,随着一国经济发展水平、科技创新能力、金融市场体系的不断变化,科技金融系统的主导力量也可能会发生相应的变化。

第五节　本章小结

科技金融是国家创新系统和金融体系的重要组成部分,是指股权投资、银行、保险等各类金融机构、中介服务机构及政府金融管理部门,通过创新金融产品,改进服务模式,搭建服务平台,实现金融创新机制和科技创新资源的有机融合,为从种子期到成熟期各发展阶段的科技企业提供直接或间接的投融资服务的一系列市场化行为和政策制度安排。

科技金融系统则是一定时间、一定区域内,由科技金融相关要素及其外部环境构成的统一的有机整体。科技金融系统的构成要素主要包括科技企业、金融机构、中介服务机构及政府部门,相关要素共同作用具有一定的资金融通功能、风险防范功能、中介服务功能和结构优化功能。科技金融系统的运行机制主要包括市场交易机制、风险管理机制和激励约束机制,其构建模式则主要包括市场主导型、银行主导型和政府主导型,更多的时候是"政府+银行+机构"的综合构建模式。

第三章　科技金融系统的发展状况与政策演进

经过 30 多年的发展，中国科技创新与金融创新的融合深度和广度不断提升，较好地发挥了解决科技型企业融资需求、防控金融风险、提供科技金融中介服务等功能，业已开展的科技金融城市试点建设也发挥了一定的示范带动作用，科技金融政策体系不断完善，但同时，科技金融系统建设也依然存在一些困难和问题。

本章首先梳理科技金融系统的演进历程和发展状况；其次，在界定科技金融政策基本内涵和分类基础上，综合运用政策文本分析等方法对中国科技金融政策的核心内容进行解析，归纳、总结中国科技金融政策的基本演进特征；最后，分析科技金融系统存在的主要问题。

第一节　科技金融系统的发展状况

"科技金融"这一专属名词在中国出现较晚（1992 年），但是，中国在 20 世纪 80 年代就已经开展了跟科技金融有关的金融业务。如果从 1985 年首笔科技贷款算起，中国科技金融先后经历了初始萌芽（1985~1996 年）、多元探索（1997~2005 年）、快速发展（2006~2010 年）和全面提升（2011 年至今）的四个阶段，基本形成了科技金融系统的"四梁八柱"（附图 1）[①]。

从具体内容上看，科技金融系统涵盖的内容十分宽泛，以下根据科技金融系统的资金来源不同，分别分析股权投资、资本市场、科技保险、科技信贷、财政科技投入及政府引导基金的发展状况，并讨论科技金融公共服务平台和科技金融发展信用环境的发展水平。

---

① 附图 1 系根据邓天佐和张俊芳（2012）的研究成果绘制。

一、股权投资

1992~2008 年是中国股权投资市场的萌芽期，其间，1992 年，IDG 资本（IDG Captial，IDG 技术创业投资基金）进入中国，创业风险投资在中国萌芽，2005 年，《创业投资企业暂行管理办法》出台，这一阶段外资股权投资机构扮演了主要角色。2009~2014 年是中国股权投资市场的起步期，标志性的事件是 2009 年创业板正式上市，2014 年国内 IPO 审核重启等。2015~2019 年，可以认为是中国股权投资市场的发展期，国内涌现出一批天使投资、创业投资和私募股权投资[①]机构。2019 年 1 月，科创板的上市提供了更为多元的资本退出渠道，同时，这一阶段的金融监管也更加严格。截至 2018 年底，中国股权投资市场新募集资金 3 637 支，募资总额 13 317.41 亿元，投资数量 10 021 起，资本管理量约 10 万亿元[②]。

1. 天使投资发展状况

自 20 世纪末开始，越来越多的高净值群体开始加入天使投资领域，同时政府部门也相继出台了促进天使投资发展的政策，如《财政部 税务总局关于创业投资企业和天使投资个人有关税收政策的通知》（财税〔2018〕55 号）等。

近年来，全国[③]天使投资行业发展主要呈现以下特点。

一是投资规模不断扩大。2017 年共披露天使投资案例 1 965 起，总投资金额 176.08 亿元，同比分别增长 6.56%和 4.62%（表 3-1）。

表 3-1　2008~2017 年天使投资规模统计

指标	天使投资数量/起	天使投资金额/亿元	指标	天使投资数量/起	天使投资金额/亿元
2008 年	72	3.11	2013 年	262	10.09
2009 年	75	3.20	2014 年	1 463	59.57
2010 年	120	5.09	2015 年	2 049	197.42
2011 年	138	6.10	2016 年	1 844	168.30
2012 年	194	6.94	2017 年	1 965	176.08

资料来源：张多蕾和刘博（2015）；瞿雪飞（2018）

二是区域性集聚效应显著（图 3-1）。北京、上海、广东、浙江是国内天使投资最活跃的城市。投资案例数量上，2017 年，北京所占比例为 38.43%，上海所占

[①] 天使投资、创业投资和私募股权投资均属于股权投资范畴。
[②] 数据来自清科研究中心的《2018 年中国股权投资市场回顾与展望》。
[③] 本书所指均不包括港澳台地区数据。

比例为 15.32%，广东所占比例为 9.43%、浙江所占比例为 6.03%。

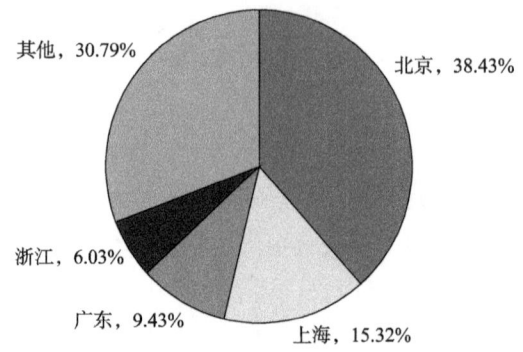

图 3-1　2017 年天使投资行业的区域结构
资料来源：瞿雪飞（2018）

三是投资行业较集中（图 3-2）。2017 年，我国天使投资投资的行业集中于互联网行业、IT（information technology，信息技术）行业、娱乐传媒行业等，所占比例分别为 26.86%，14.08% 和 7.32%。

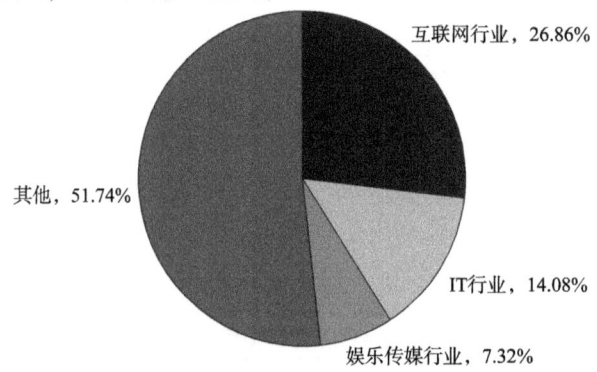

图 3-2　2017 年天使投资的行业结构
资料来源：瞿雪飞（2018）

四是投资主体逐渐多元化。包括天使投资人、天使投资团体、天使投资机构、天使投资孵化器/加速器、平台创业基金和天使投资网络平台等[1]，特别是天使投资团体与天使投资机构大量涌现，2017 年机构天使新募基金 136 支，金额达到 176.08 亿元。

---

[1] 中国风险投资研究院. 中国风险投资年鉴（2015—2016）. 中国发展出版社，2017.

2. 创业风险投资发展状况

近年来，全国创业风险投资机构数量呈现逐年增加的良好发展趋势，累计投资金额大幅上升。2016 年，创业风险投资机构达到 2 045 家，2004~2016 年年均增长 17.21%；累计投资项目 19 296 项，投资强度 1 842 万元/项，分别是 2004 年的 6.08 倍和 1.89 倍；管理资本达到 8 277.1 亿元，基金平均管理资本总额达到 4.05 亿元；累计投资金额为 3 554.3 亿元，2004~2016 年年均增长 22.6%（表 3-2 和表 3-3）。

表 3-2　2004~2016 年创业风险投资项目数和投资强度

年份	累计投资项目数/项	投资强度/（万元/项）	年份	累计投资项目数/项	投资强度/（万元/项）
2004	3 172	972.1	2011	9 978	1 550.5
2005	3 916	901.1	2012	11 112	1 322.7
2006	4 592	802.5	2013	12 149	1 282.1
2007	5 585	973.4	2014	14 118	1 129.5
2008	6 796	1 041.3	2015	17 376	1 360.2
2009	7 435	1 059.8	2016	19 296	1 842.0
2010	8 693	1 356.5			

资料来源：根据国泰安 CSMAR 数据库的数据整理

表 3-3　2007~2016 年创业风险投资机构管理资本总额

指标	2007 年	2008 年	2009 年	2010 年	2011 年	2012 年	2013 年	2014 年	2015 年	2016 年
管理资本/亿元	1 112.9	1 455.7	1 605.1	2 406.5	3 198.0	3 312.9	3 573.9	5 232.4	6 653.3	8 277.1
较上年增长	67.7%	30.8%	10.3%	49.9%	32.9%	3.6%	7.9%	46.4%	27.2%	24.4%
基金平均管理资本总额/亿元	3.36	3.55	3.24	3.34	3.72	3.52	3.26	4.48	4.66	4.05

资料来源：根据《中国创业风险投资统计分析年鉴（2016）》整理

按投资行业进行分类统计，根据《2016 年中国创业风险投资统计分析》报告，2016 年软件和信息服务业所占比例大幅提升，投资项目和投资金额分别占行业总投资项目数和总投资金额的 26.65% 和 47.55%；金融保险业也是创业风险投资的热点，投资金额占行业总投资金额的 6.97%。需要说明的是，近年来新型行业业态大批出现，很多行业无法按照传统的行业类别进行细分，出现了"其他行业"投资金额和投资项目所占比例较多的情况（表 3-4）。

表 3-4　风险投资项目前十大行业分布（2015~2016 年）

行业划分	2015 年		2016 年	
	投资金额	投资项目	投资金额	投资项目
软件和信息服务业	16.12%	24.81%	47.55%	26.65%
其他行业	10.41%	10.85%	12.90%	13.67%
金融保险业	5.71%	3.09%	6.97%	3.12%
新能源和环保业	11.00%	14.86%	6.84%	12.51%
医药生物业	7.50%	7.52%	5.54%	9.81%
计算机、通信和其他电子设备制造业	23.03%	10.81%	4.03%	7.35%
传播与文化娱乐	5.50%	4.32%	3.02%	5.26%
传统制造业	3.77%	4.44%	1.99%	3.58%
建筑业	0.76%	0.58%	1.98%	0.56%
其他制造业	3.67%	5.25%	1.65%	4.09%

资料来源：根据《2016 年中国创业风险投资统计分析》报告整理

3. 私募股权投资状况

根据清科研究中心发布的《中国股权投资市场回顾与展望》（2012~2017 年），截至 2017 年，共有 23 097 家私募基金管理人在中国证券投资基金业协会进行登记，共计 70 802 支私募基金进行备案，管理基金规模突破 12.01 万亿元，在已经备案的私募基金中包含 23 503 支私募股权投资基金，总规模突破 6.61 万亿。同年，全国私募股权投资基金的开始规模为 26 865.41 亿元，完成规模为 11 984.45 亿元，较 2012 年分别增加 23 185.22 亿元和 8 790.32 亿元。2012~2017 年，全国私募股权投资基金的开始规模和完成规模的年平均增长率分别为 48.82% 和 30.27%（图 3-3）。

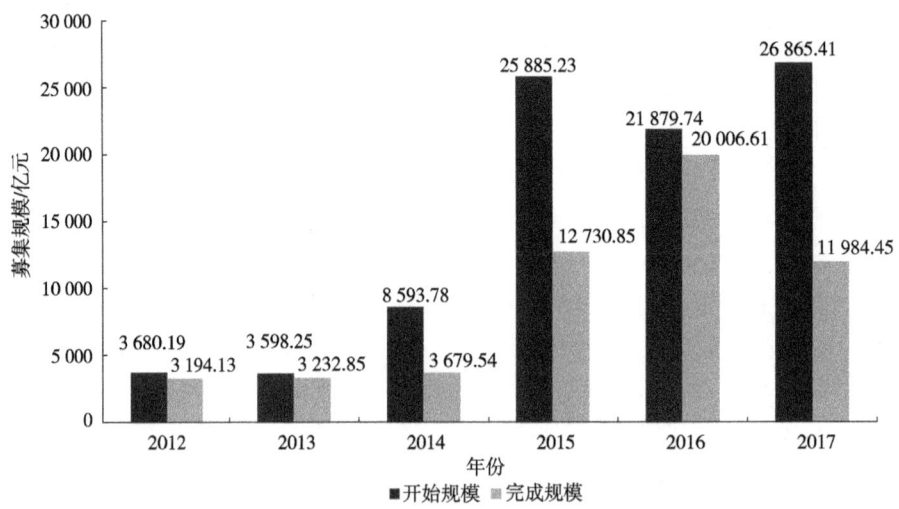

图 3-3　2012~2017 年私募股权投资基金募集规模

资料来源：清科研究中心《中国股权投资市场回顾与展望》（2012~2017 年）

2017 年，全国私募股权投资案例为 10 144 起，大约是 2008 年的 65 倍，10 年的平均增长率为 59.13%；全国私募股权投资总额为 12 111.5 亿元，大约是 2008 年的 13 倍，2008~2017 年，年平均增长率为 32.82%（表 3-5）。

表 3-5　2008~2017 年私募股权投资案例和投资总额

年份	投资案例/起	投资总额/亿元	年份	投资案例/起	投资总额/亿元
2008	155	941.8	2013	1 808	1 886.0
2009	117	1 356.6	2014	3 626	4 376.7
2010	363	1 657.8	2015	4 519	5 254.0
2011	654	1 874.3	2016	7 859	6 683.0
2012	1 595	854.8	2017	10 144	12 111.5

资料来源：根据国泰安 CSMAR 数据库的数据整理

二、资本市场

随着市场经济体制的逐步建立，中国资本市场逐步成长壮大，大致可以划分为 1978~1992 年的萌芽阶段，1993~1998 年的形成和初步发展阶段，1999~2007 年的规范发展阶段，2008 年至今的快速发展阶段，资本市场逐渐成为经济资源市场化配置的重要平台。2003 年，中央提出建立多层次资本市场，先后于 2004 年和 2009 年推出了中小板和创业板，后续又推出了新三板、科创板、战略性新兴板及其他各类区域性股权交易市场，形成了既相互区分、又相互交错并不断演进的资本市场结构，在发挥市场配置资源决定性作用、推动实体经济发展、促进科技创新等方面发挥了重要作用。根据安永会计师事务所发布的《安永全球 IPO 市场调研报告：2017 年回顾及 2018 年展望》，2017 年，全球共计 1 624 宗 IPO，筹资 1 888 亿美元，其中，中国（不含港澳台地区）合计 436 宗，共筹资金 2 304 亿元，约占全球 IPO 总量的 20%，位居世界第二，市场规模跻身世界前列。2017 年，创业板市场上市企业数量 702 家，是 2009 年的 19.5 倍，2009~2017 年年均增长 44.96%（图 3-4），同年，新三板市场挂牌企业数量是 11 630 家，约为 2006 年的 831 倍，2006~2017 年年均增长 84.25%（表 3-6）。

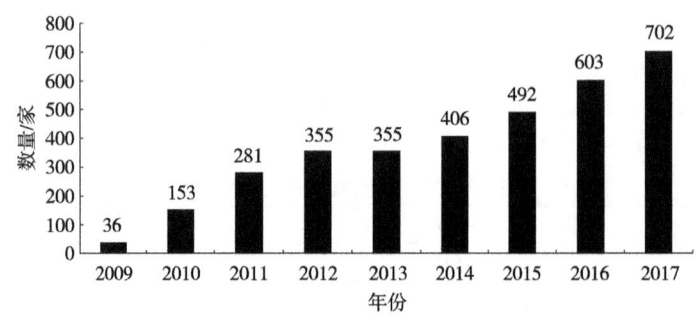

图 3-4 2009~2017 年创业板市场上市企业数量
资料来源：根据国泰安 CSMAR 数据库的数据整理

表 3-6 2006~2017 年新三板市场挂牌企业数量

年份	新三板市场挂牌企业数量/家	年份	新三板市场挂牌企业数量/家	年份	新三板市场挂牌企业数量/家
2006	14	2010	70	2014	1 572
2007	28	2011	95	2015	5 129
2008	35	2012	200	2016	10 163
2009	55	2013	356	2017	11 630

资料来源：根据国泰安 CSMAR 数据库的数据整理

三、科技保险

科技保险在转移企业研发风险和生产经营风险方面有其独特的优势。2018 年 1 月 22 日，中国保险监督管理委员会通报了 2017 年保险市场运行情况，根据其发布的数据，2017 年，科技保险为科技创新提供风险保障金额 1.19 万亿元；首台（套）重大技术装备保险为技术装备创新提供风险保障金额 821.71 亿元。2018 年 1 月，太平科技保险股份有限公司收到中国保险监督管理委员会批准同意开业的批复，并取得《保险公司法人许可证》，正式成为中国首家专业科技保险公司。同时，现有的各大保险公司为科技型企业提供了专利权质押贷款保证保险、专利许可信用保险、专利执行保险、专利被侵权损失险、知识产权海外侵权损失险等科技保险产品或服务。此外，在政策支持方面，2017 年，中国保险监督管理委员会发布了《关于保险业支持实体经济发展的指导意见》（保监发〔2017〕42 号），该意见明确指出要"研究开展专利保险试点工作，分散科技企业创新风险，降低企业专利维权成本，为科技企业自主创新、融资、并购等提供全方位的保险服务。推广首台（套）重大技术装备的保险风险补偿机制，会同财政部、工信部修订首台（套）

重大技术装备指导目录，研究深化首台（套）重大技术装备试点。研究启动新材料首批次应用保险补偿机制试点，促进企业创新和科技成果产业化。落实'互联网+'行动，鼓励保险机构围绕互联网开展商业模式、销售渠道、产品服务等领域的创新，更好满足不同层次实体经济的风险管理需求"。

四、科技信贷

早在1985年，中国人民银行、国务院科技领导小组办公室就发布了《关于积极开展科技信贷的联合通知》，随后，《关于进一步加大对科技型中小企业信贷支持的指导意见》《关于加强知识产权质押融资与评估管理支持中小企业发展的通知》等科技贷款相关政策文件陆续出台。近年来，科技贷款发展迅速。

一是不断创新科技信贷产品和服务。在股权质押、商标权质押、专利权质押、订单融资、保理融资等领域开展了广泛的探索，投贷联动、银保互动等科技贷款模式不断涌现。2017年，全国专利转让、许可、质押等次数达24.8万次，同比增长率高达43.4%；新增专利质押贷款金额达到720亿元，同比增长65%[①]。

二是科技支行和科技小额贷款公司等新型组织模式发展较快。2009年1月，中国建设银行成都分行与成都银行成立两家科技支行，随后一批科技（银行）支行相继成立。2012，第一家专注于服务科技创新产业的中外合资银行——浦发硅谷银行成立，浦发硅谷银行注册资本10亿元人民币，其发展战略目标是成为"中国银行业面向中国快速发展的科技创新企业提供贷款和进行风险管理的模范，成为中国创新生态系统建设的积极推动力"，其主打5个产品："创客贷""科技履约贷""小巨人信用贷""科技含权贷"及共赢利率、利率后置的产品。

三是小微企业金融服务水平不断提升。根据《中国科技金融生态年度观察（2018）》，截至2017年末，我国小微企业贷款余额30.74万亿元，小微企业贷款户达到1 520.92万户，在缓解小微企业融资难方面发挥了积极作用。

四是对融资担保的政策性倾斜持续加大。2015年，国务院印发了《国务院关于促进融资担保行业加快发展的意见》（国发〔2015〕43号），指出要"发挥政府支持作用，提高融资担保机构服务能力；发挥政府主导作用，推进再担保体系建设；政银担三方共同参与，构建可持续银担商业合作模式"。2017年，国务院公布《融资担保公司监督管理条例》，明确了融资担保行业服务小微和"三农"（农业、农村、农民）融资的重要作用，以及政策扶持对于发展政策性融资担保业务的必

---

① 数据来源于2018年4月28日国家知识产权局副局长贺化在"2018中国知识产权发展论坛"上的讲话。

要性。2018 年,《关于印发〈融资担保公司监督管理条例〉四项配套制度的通知》《关于进一步深化小微企业金融服务的意见》先后下发,同年,《中国银保监会关于开发银行等四家银行投资设立国家融资担保基金有限责任公司的批复》,批复国家开发银行、中国进出口银行、中国农业发展银行、中国邮政储蓄银行等四家银行投资国家融资担保基金有限责任公司,为小微企业、"三农"、创业创新企业提供融资担保服务。

经过 20 多年的发展(表 3-7),全国融资担保机构的数量和资本规模不断增长,行业细分业务品类呈井喷式涌现,融资担保产业链不断完善(图 3-5),担保贷款数量迅速扩张,截至 2016 年末,全国融资担保机构数量为 8 402 家,融资担保机构资产总额为 9 311 亿元,融资担保在保余额总量达 19 120 亿元,为缓解中小企业融资难发挥了重要作用(张承惠,2015)。

表 3-7 融资担保发展历程

时间	发展阶段	阶段特点
1993~1997 年	起步探索阶段	各类担保机构开始萌芽,行业整体发展较慢
1998~2002 年	基础架构阶段	全国试点逐渐展开,体系制度逐渐完善
2003~2008 年	持续发展阶段	扶持力度加大,行业井喷式增长
2009 年至今	规范整顿阶段	信贷风险频发,管理日趋严格

资料来源:前瞻产业研究院《2019—2024 年中国担保行业市场前瞻与投资战略规划分析报告》

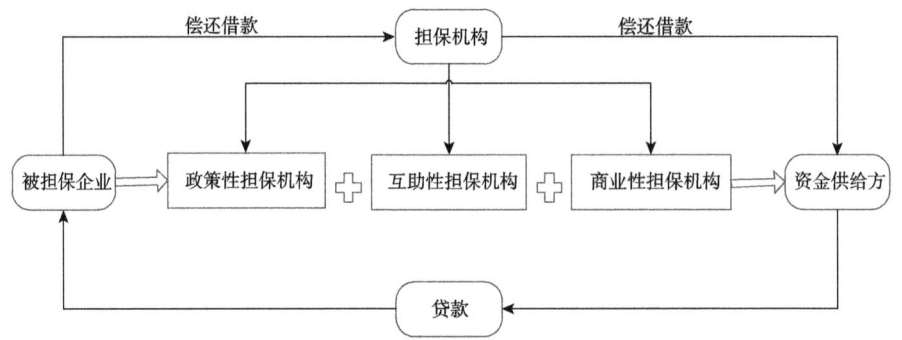

图 3-5 融资担保产业链图谱

资料来源:《2019—2024 年中国担保行业市场前瞻与投资战略规划分析报告》

五、财政科技投入

根据《2017 年全国科技经费投入统计公报》,2017 年,国家财政科学技术支出 8 383.6 亿元，比 2000 年增加 7 808.0 亿元，年均增长 17.07%，财政科学技术支出占当年国家财政支出的比重为 3.6%，财政投入支持力度不断加强（图 3-6）；同时，税收优惠政策进一步支持了企业研发。以规模以上工业企业为例，2017 年企业享受的研发费用加计扣除减免税和高新技术企业减免税分别为 569.9 亿元和 1 062.3 亿元，分别比 2016 年增长 16.5%和 26.0%，增速分别较 2016 年提高 7.6 个百分点和 6.0 个百分点。

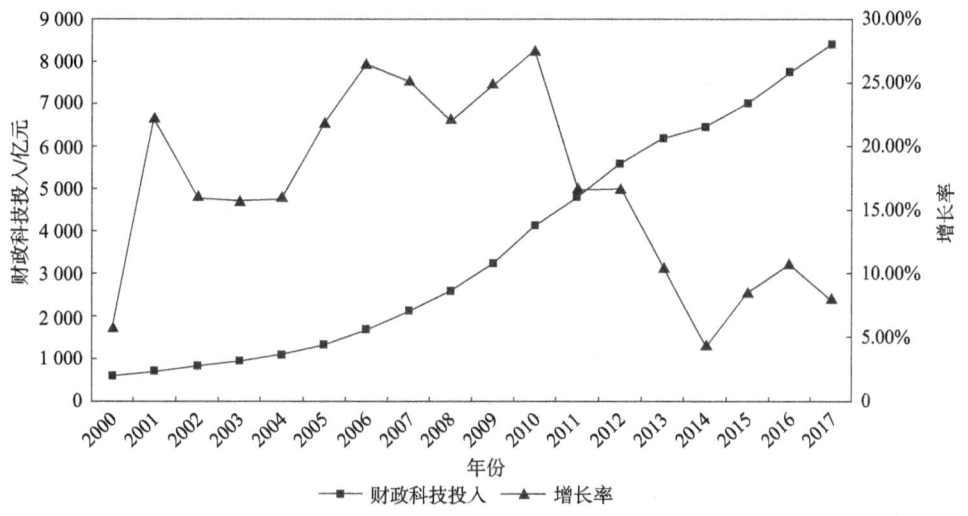

图 3-6　2000~2017 年财政科技投入增长规律

资料来源：国家统计局（2018）

六、政府引导基金

政府引导基金又称创业投资引导基金，通常由政府出资设立，通过股权或债券等方式吸引社会资本投资成立创业投资基金或私募股权基金等其他投资基金（陈少强等，2017）。政府引导基金能够发挥政府财政引导作用和规模放大作用，支持更多的投资项目。自 2002 年中关村创业投资引导基金成立以来，在《关于创业投资引导基金规范设立与运作的指导意见》《政府投资基金暂行管理办法》《政府出资产业投资基金管理暂行办法》《政府出资产业投资基金信用信息登记指引（试行）》等政策引导下，政府引导基金快速发展。根据投中研究院发布的《2018 年政府引导基金专题研究报告》，截至 2018 年 6 月底，全国共成立 1 171 支政府引导基金，总目标规模达 58 546 亿元（含引导基金规模+子基金规模）。2012~2017

年，政府引导基金数量增加 987 支，复合年均增长率为 45.47%，其中，目标规模千亿元的引导基金共 11 支，目标规模最大的是江苏省政府投资基金。就区域分布而言，华东地区政府引导基金的数量和目标规模均居全国首位，广东是政府引导基金数量最多的省（区、市），多达 127 支；江苏是政府引导基金目标规模最大省（区、市），目标规模达到 8 819 亿元，如图 3-7 和表 3-8 所示。

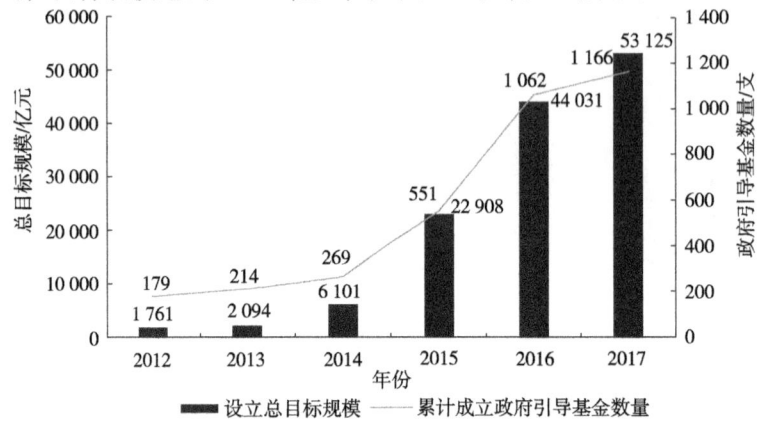

图 3-7　2012~2017 年政府引导基金成立情况

资料来源：投中研究院《2018 年政府引导基金调研报告》

表 3-8　政府引导基金规模及数量（截至 2018 年 6 月底）

地区	政府引导基金数量/支	目标规模/亿元
华东	546	21 747
华北	140	15 541
华南	154	9 189
华中	118	4 729
西南	106	3 496
东北	57	1 960
西北	50	1 884
合计	1 171	58 546

资料来源：投中研究院《2018 年政府引导基金调研报告》

七、科技金融公共服务平台

面向科技型中小企业打造一站式科技金融服务平台是促进科技金融供需对接的重要方式，近年来，各地先后搭建了一批"线上+线下"的科技金融公共服务平台。例如，2012 年，由上海市科学技术委员会主办、上海市科技创业中心负责管理的上海市科技金融信息服务平台正式上线，主要为科技型中小企业提供科技微贷通、科技履约贷、创投贷、小巨人信用贷、保费补贴、天使投资风险补偿和股权融资等项目的服务。2017 年，该平台"3+X"信贷总额和贷款家数创历史最高，信贷总额 37.48 亿元，贷款企业 630 家，其中，科技履约贷实现贷款 22.02 亿元，贷款企业 516 家，同比增长 20.3%。截至 2017 年底，累计为 2 959 家科技企业提供了 140.63 亿元信用贷款[①]。广州市科技金融平台由广州市科技创新委员会主办，通过创业风险投资服务、科技信贷服务、新三板促进会、企业上市等全链条服务，全面支持种子期、初创期、成长期、成熟期的科技企业创新发展，推动形成科技企业从科技创新板到新三板，再到创业板、中小板乃至主板的上升渠道。

此外，以众创空间、科技企业孵化器和加速器为代表的各类创新创业孵化载体为科技创新创业提供了资本对接服务。根据科学技术部火炬高技术产业开发中心和首都科技发展战略研究院编写的《中国创业孵化发展报告（2018）》，2017 年，全国科技企业孵化器总数达到 4 609 家（纳入火炬计划统计），在孵科技型中小企业 17.5 万家，累计帮助 4.0 万家企业获得 1 940 亿元的创业风险投资，从孵化器毕业后上市和挂牌企业达到 2 777 家，占创业板市场上市企业的 1/7，占新三板市场挂牌企业的 1/10。

最后，以发展基金等金融业态为主导的新型平台载体——基金小镇也进入稳定发展期（图 3-8）。根据清科研究中心发布的《2018 年中国基金小镇发展回顾》，自 2012 年嘉兴南湖基金小镇规划成立至今，我国已公开的基金小镇（含类似定位和功能的新金融集聚区）共 80 个，分布在我国 21 个省（区、市），其中 2018 年新设基金小镇 15 个，基金小镇已经逐渐转向基于我国经济社会环境而发展，成为我国股权投资市场的重要载体平台之一。

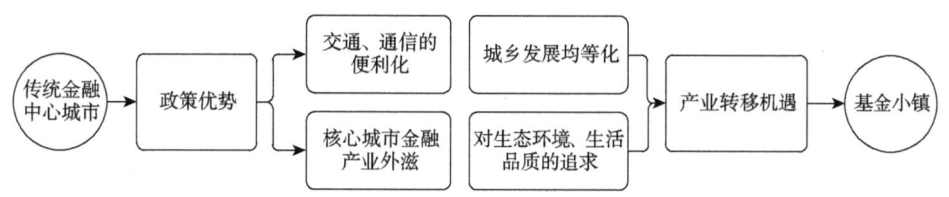

图 3-8 基金小镇发展模式

资料来源：清科研究中心《2018 年中国基金小镇发展回顾》

[①] 中国银行业监督管理委员会上海监管局，上海市科学技术委员会. 2017 年上海科技金融发展报告. https://www.sohu.com/a/244090779_263856，2018-07-30.

八、科技金融发展信用环境

在科技金融发展信用环境建设方面,为加强社会信用体系建设的组织领导和统筹协调,我国早在2007年就建立了国务院社会信用体系建设部际联席会议制度。2013年7月1日,最高人民法院颁布了《最高人民法院关于公布失信被执行人名单信息的若干规定》,标志着我国正式迈出构建社会信用体系的第一步。2014年6月27日,国务院印发了《社会信用体系建设规划纲要(2014—2020年)》,这是我国首部国家级社会信用体系建设专项规划。为进一步构建完整的企业信用体系,改变传统的市场监管方式,规范企业信息公示制度,国务院及有关部门又先后颁布了《企业信息公示暂行条例》《企业公示信息抽查暂行办法》《企业经营异常名录管理暂行办法》《工商行政管理行政处罚信息公示暂行规定》。一批信用体系建设的规章、标准和法律法规的相继出台,有力地促进了企业和社会信用体系的建设。党的十九大报告指出:"推进诚信建设和志愿服务制度化,强化社会责任意识、规则意识、奉献意识。""健全环保信用评价、信息强制性披露、严惩重罚等制度。"2016年,中央全面深化改革领导小组会议审议通过六个信用建设相关文件,社会信用体系建设顶层设计进一步完善,通过完善征信市场规划、征信制度建设、征信市场管理、征信市场服务等建立健全覆盖全社会的征信系统。

第二节 科技金融政策的演进特征

科技金融是风险投资、银行、保险等各类金融机构、中介服务机构及政府金融管理部门为从种子期到成熟期各个发展阶段的科技企业提供直接或间接的投融资服务的一系列市场化行为和政策制度安排。这里的政策制度安排是指促进科技金融发展的相关政策工具的组合与体制机制设计。发达国家发展科技金融的成功实践也表明,单纯依靠市场的力量发展科技金融会因信息不对称、利益相关者的非合作博弈等造成"市场失灵",从而导致市场无法有效配置科技金融资源,而更好地发挥政府政策引导作用则是促进科技与金融紧密结合、提升科技金融效益和效率的重要保障。推进科技金融政策工具创新,不断完善科技金融政策体系,是充分发挥市场主导作用和更好发挥政策引导作用的前提和基础。

一、科技金融政策内涵及分类

科技金融政策体系是"以提高科技金融质量为目标,为促进科技与金融深度融合而制定颁布的各种政策组合",具体又包括科技金融政策目标、政策内容(或者政策手段)、政策结构和政策过程等多个维度。根据科技金融融资方式的差异及政府部门的支持方式,可以将科技金融政策内容进一步划分为直接融资政策、间接融资政策、财政科技投入政策、税收优惠政策;根据科技金融政策扶持重点的不同,可以将科技金融政策划分为综合性政策、股权投资政策、资本市场政策、科技贷款政策、科技保险政策(图 3-9)。其中,综合性政策主要包含以财政科技投入政策、税收优惠政策等以政府扶持为主的政策及相关的配套实施细则,股权投资政策和资本市场政策属于直接融资政策,科技贷款政策属于间接融资政策。结合上述科技金融政策的基本分类,本书综合运用词频分析、共词分析、多维尺度分析等量化研究方法,探究国家层面科技金融政策体系的演进特征,以期为完善科技金融政策体系提供一定的参考。

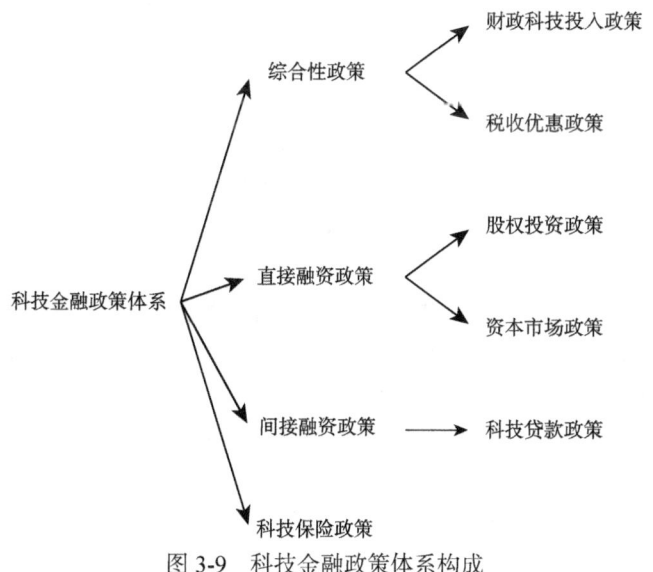

图 3-9 科技金融政策体系构成

二、政策文本分析的研究设计

（一）研究方法

本书借鉴文献计量学对于关键词的研究方法，在确定科技创新政策文献主题词的基础上，综合运用词频分析法、共词分析法和多维尺度分析法、主成分分析法等方法挖掘受关注程度较高的主题词及其潜在关系，进而探究中国科技金融政策的阶段性演变特征。

1. 词频分析法

词频分析法是一种文献计量学方法，它利用关键词或主题词的频率来揭示或表达文档的核心内容，从而确定某一研究领域的研究热点和发展趋势（郝亚明和赵俊琪，2018）。词频分析法通过统计文献核心内容的关键词出现的频次来确定领域的研究重点及热点，当某个关键词在该文献中反复出现时，就说明它是这一领域的研究重点及热点（储节旺和钱倩，2014）。本书运用内容分析软件 ROST-CM 6 对搜集到的政策文本内容进行关键词统计分析，并根据关键词出现的频率高低来分析科技金融政策文本的核心内容。

2. 共词分析法和多维尺度分析法

对科技金融政策的框架结构内容和阶段演进特征主要运用共词分析和多维尺度分析法。共词分析法主要依据两个关键词在多项文本中共同出现的次数来分析两个关键词之间的联系，共同出现的次数越多，关键词之间的联系越紧密，反之越疏远（赵公民等，2019）。多维尺度分析法是一种聚类分析方法，它可以显示多个研究对象之间的关系，并利用平面距离来反映研究对象之间的相似性。在共词频率统计的基础上，多维尺度分析法将相近的关键词聚合成不同的群组，每组反映一定时期内文献的特定聚焦点，然后判断这些关键词所代表的学科和主题结构的变化（黄萃等，2015）。通过词频统计，找出政策文件中的高频关键词，建立各个政策演进阶段高频关键词的共词矩阵，然后利用 SPSS 25.0 软件在共词矩阵的基础上进行多维尺度分析。

3. 主成分分析法

Hotelling（1933）最早提出主成分分析（principal component analysis，PCA）法，它旨在利用降维的思想，在减少少量信息的前提下，根据各变量间的相关关系将多个指标转换成少数几个综合指标（主成分），每个主成分都是由原始变量构成的线性组合，它们之间互不相关且能够反映原始变量的大部分信息，并且各个主成分所包含的信息互不重复。本书利用主成分分析法分析各个阶段出台的科技金融政策对完善政策体系的影响，通过关键词的主成分分析来探究科技金融政策的关注重点及政策缺位情况。

（二）样本采集

本书通过《中国科技金融发展报告》、政府官方网站、清华大学科教政策研究中心政府文献数据库、万方数据库等渠道收集科技金融政策文件，并利用各种数据来源互相补充和印证，共筛选出2000~2018年98份科技金融政策文件。在筛选文件的过程中遵循以下标准：①选取的政策文件发文单位是国家政府机关；②选取的政策文件类型主要有"通知""意见""办法""政策"等；③领导讲话、会议纪要、部门间函件往来等文件不具备足够的法律效力，因此不包含在本书的研究样本之中。

（三）样本类型

政策采用不同的文种形式发布，则政策产生的效力也不同。在收集的样本中，科技金融政策的发布共有9种公文形式。表3-9是2000~2018年科技金融政策文本类型分布，其中，"通知"在政策文本中所占的比例最高（46.9%），"意见"和"办法"在政策文本中所占的比例分别位列第二（28.6%）和第三（15.3%）。比较而言，针对性强、更具有操作性的"细则""规定""指引"类政策所占比例较少。

表3-9 2000~2018年科技金融政策文本类型分布

三级类目	总频次	百分比	三级类目	总频次	百分比	三级类目	总频次	百分比
通知	46	46.9%	政策	1	1.0%	纲要	2	2.0%
意见	28	28.6%	决定	2	2.0%	规定	1	1.0%
办法	15	15.3%	细则	1	1.0%	指引	2	2.0%

注：由于舍入修约，数据有偏差。

三、科技金融政策的变迁及演进特征

按照科技金融政策的发展特点，分年度和阶段两个维度分析科技金融政策的变迁和演进特征，进而厘清科技金融政策的核心目标和执行情况。

（一）科技金融政策数量的年度变化

1985年，《中国人民银行、国务院科技领导小组办公室关于积极开展科技信贷的联合通知》要求，"为了搞好科技信贷工作，银行和其他金融机构与科技管理部门应密切合作"，这可以看作中国第一份关于科技金融的政策文件。随着金融对科技创新的影响作用日益增强，政府部门对科技金融工作的重视程度不断提高，科技金融相关政策数量呈现波浪式变化规律。

具体观察2000~2018年科技金融政策文本数量的变化趋势（图3-10），可以发现，科技金融政策的制定发布与国民经济和社会发展规划周期密切相关，基本上每隔5年左右出现一个转折，最高峰出现在2017年，政策文本数量达到12份。2006年之前，政府部门对金融与科技创新的关系认识还不够充分，导致2000~2005年较少研究、制定、发布科技金融的配套支持政策。2006年是国民经济和社会发展第十一个五年规划的起始年，这一年国务院出台了《国家中长期科学和技术发展规划纲要（2006—2020年）》（国发〔2006〕6号）后，明确了科技发展中长期目标任务，科技金融政策也逐渐受到各个部门的重视和关注。为此，财政部、科学技术部（简称科技部）、国家税务总局等部门相继出台了一系列配套政策，仅2006年就出台了11份科技金融相关政策。2011年是国民经济和社会发展第十二个五年规划的开局年，这一年与2006年类似，也密集出台了多份科技金融相关政策。2016年7月，国务院颁布了《"十三五"国家科技创新规划》（国发〔2016〕43号），明确了"十三五"时期科技创新的总体思路、发展目标、主要任务，进一步推进2017年科技金融政策文本达到一个最高峰。总体来看，2006年之后，科技金融政策数量呈现类似W形的变动特征，但整体具有较为明显的增长趋势。这说明随着科技金融在国家创新体系中的地位不断提升，以及政府部门对科技金融重要性的认识不断加强，科技金融政策体系在数量维度方面不断丰富。

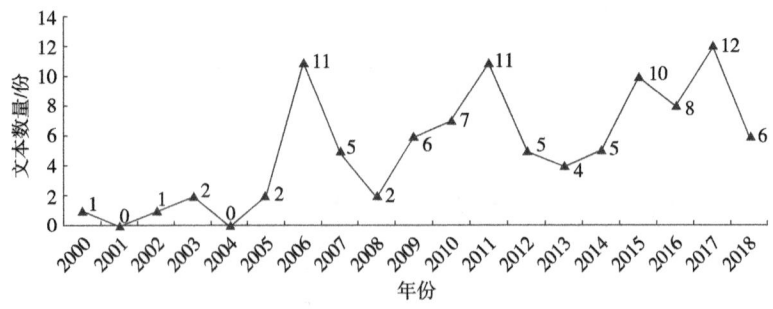

图3-10 2000~2018年科技金融政策文本数量的变化趋势

（二）科技金融政策的历史演进脉络

结合科技金融政策数量的年度变化和科技金融政策演进特点，可以将 21 世纪以来科技金融政策的演进历程分为四个阶段：一是起步探索阶段（2000~2005 年）；二是平稳发展阶段（2006~2010 年）；三是完善调整阶段（2011~2015 年）；四是优化升级阶段（2016 年至今）。每个阶段的代表性关键政策如图 3-11 所示。

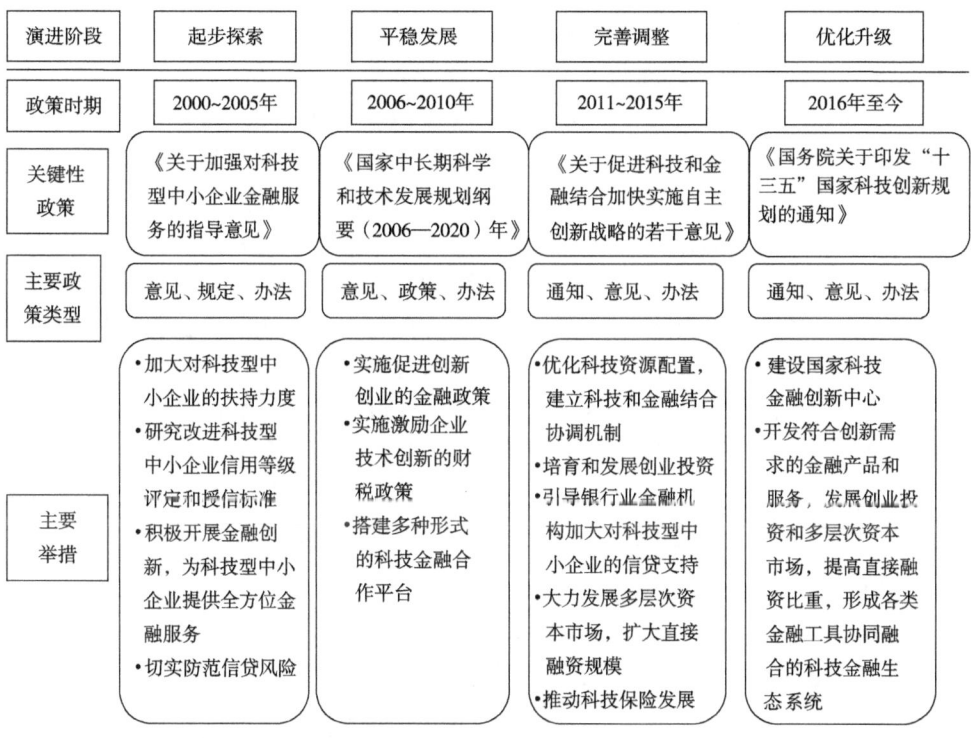

图 3-11　科技金融政策的演进历程

1. 起步探索阶段：2000~2005 年

这一阶段共发布了 6 份事关科技金融的政策文件。比较具有代表性的，一份是 2000 年的《国务院办公厅转发国家经贸委关于鼓励和促进中小企业发展的若干政策意见的通知》（国办发〔2000〕59 号），该通知明确指出要"逐步扩大中小企业的直接融资渠道，逐步放宽中小企业特别是高新技术企业上市融资和发行债券的条件。鼓励社会和民间投资，探索建立中小企业风险投资公司，以及风险投资基金的管理模式和撤出机制"。另一份是 2005 年由国家发展和改革委员会发布的

《创业投资企业管理暂行办法》(发展改革委第39号令),该办法旨在促进创业投资企业发展,规范其投资运作,鼓励其投资中小企业特别是中小高新技术企业。该办法首次以政府文件的形式对创业企业进行了定义,指出"创业企业是在中华人民共和国境内注册设立的处于创建或重建过程中的成长性企业,但不含已经在公开市场上市的企业",同时,该办法明确了国家与地方政府可以设立创业投资引导基金,通过参股和提供融资担保等方式扶持创业投资企业的设立与发展,这一文件既是对国办发〔2000〕59号文件的具体落实,也对创业投资市场的兴起、培育和发展具有重要助推作用。

通过对这一阶段政策文件高频率关键词的提取,按照频次排序绘制出关键词统计表(表3-10),对上述高频关键词进行共词分析,结合共词矩阵绘制出多维尺度图(图3-12),可以看到,这一阶段科技金融政策呈现出以下特点:第一,政策目标具有分散化的特点。诸如创业投资、信贷、信用担保、金融服务等都有所涉及,但关键词之间距离相差较远、位置分散,说明这一阶段的政策目标聚焦不够,可能的原因在于这一阶段对科技金融的定位和认识还不够充分。第二,政策内容重点关注以信贷为主的中小企业投融资问题。"中小企业"的词频数高达239次,有关投资企业的词频数也达到93次,但没有专门针对大型企业投融资问题的关键词。第三,政策扶持对象涵盖了直接融资和间接融资。属于直接融资范畴的创业投资和风险投资词频数分别为68次和8次,属于间接融资范畴的信贷和信用担保词频数分别为41次和11次,这一方面说明直接融资开始受到政府部门的关注并开始着手直接融资的顶层设计问题;另一方面,结合具体的政策内容主题和细则看,这一时期直接融资发展尚处于起步阶段,间接融资在科技金融系统中扮演着更为重要的角色。

表3-10 2000~2005年科技金融政策文本关键词词频统计

序号	关键词	词频/次	序号	关键词	词频/次	序号	关键词	词频/次
1	中小企业	239	6	信用	33	11	高新技术	14
2	投资企业	93	7	市场	28	12	信用担保	11
3	投资者	89	8	资金	24	13	科技成果	10
4	创业投资	68	9	法律	16	14	风险投资	8
5	信贷	41	10	股权	15			

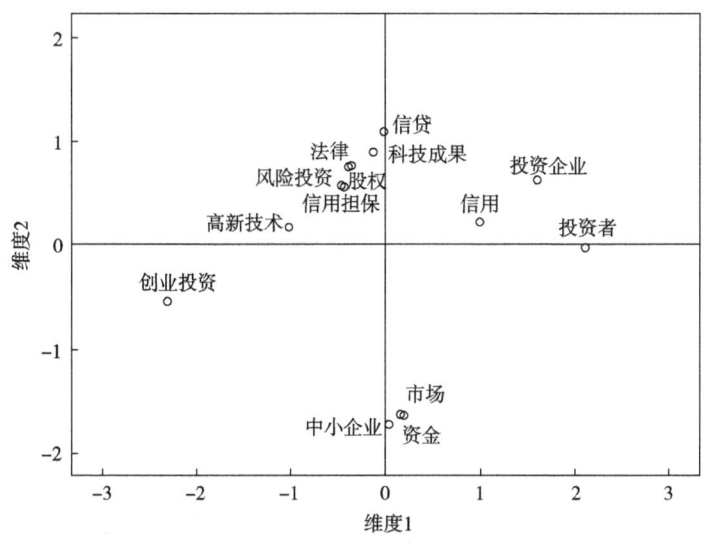

图 3-12 2000~2005 年科技金融政策高频关键词的多维尺度分析

2. 平稳发展阶段：2006~2010 年

这一阶段一共发布了 31 份事关科技金融的政策文件。特别是《国家中长期科学和技术发展规划纲要（2006—2020 年）》（国发〔2006〕6 号）文件作为事关国家科技发展的中长期规划，明确了到 2020 年国家科学和技术发展的远景目标和科技体制机制改革的重点任务，提出了为促进科技发展而制定的若干重要政策和措施。在政策和措施中专门论述了促进创新创业的金融政策，首次提出要"推进创业板市场建设，建立加速科技产业化的多层次资本市场体系"，并指出要"探索以政府财政资金为引导，政策性金融、商业性金融资金投入为主的方式，促进更多资本进入创业风险投资市场"，并且在该文件中明确提出要"搭建多种形式的科技金融合作平台"，"科技金融"的概念被清晰地表述在国家重要政策文件中。此外，2008 年，中国进出口银行发布了《支持高新技术企业发展特别融资账户实施细则》，规定风险投资业务、投资咨询业务和为被投资企业提供管理服务等三种运行机制；2009 年，中国银行业监督管理委员会、科技部发布了《关于进一步加大对科技型中小企业信贷支持的指导意见》（银监发〔2009〕37 号），提出"鼓励进一步加大对科技型中小企业信贷支持，完善科技部门、银行业监管部门合作机制，加强科技资源和金融资源的结合"等 7 条意见。

通过对高频率关键词的多维尺度分析可以看到（表 3-11 和图 3-13），第一，政策目标集中在信用担保、信贷和保险三大领域。事实上，这一时期是信用担保行业发展的黄金时期，国家、省、市、县四级信用担保体系在一定程度上提高了企业获取银行信贷的规模，也说明这一阶段科技金融的重点仍然是以信贷为主的间接融资。第二，政策内容重点关注知识产权、基金和高新技术。这一时期，"知识产权"一词的词频统计量高达 170 次，说明这一时期国家开始高度重视知识产权保护工作，以及与知识产权相关的金融支持政策（如知识产权质押融资）。同时，国家开始通过鼓励和支持"基金"这种市场化的方式建设企业投融资渠道，并强调金融资金要服务和支持高新技术发展。可以看到，与第一阶段相比，这一阶段的政策数量明显增多，政策目标更为集中、政策内容更为多元，政策手段突出地强调了财税政策工具的重要作用。

表 3-11　2006~2010 年科技金融政策文本关键词词频统计

序号	关键词	词频/次	序号	关键词	词频/次	序号	关键词	词频/次
1	企业	394	6	机制	110	11	创业投资	71
2	知识产权	170	7	信息	98	12	股权	54
3	基金	160	8	信用	86	13	信贷	43
4	高新技术	133	9	股票	83	14	保险	70
5	资金	121	10	财政	80	15	信用担保	63

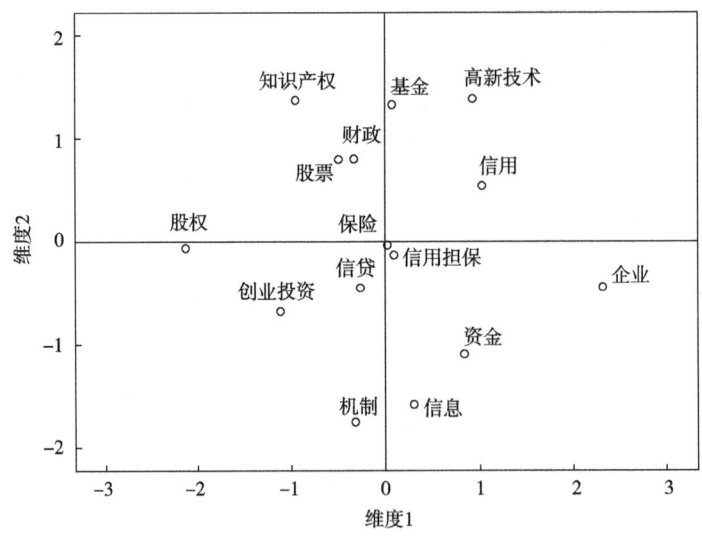

图 3-13　2006~2010 年科技金融政策高频关键词的多维尺度分析

3. 完善调整阶段：2011~2015 年

这一阶段科技金融的相关政策一共有 36 份，特别是 2011 年发布了两个与科技金融直接相关的配套政策——《关于促进科技和金融结合加快实施自主创新战略的若干意见》（国科发财〔2011〕540 号）和《关于印发地方促进科技和金融结合试点方案提纲的通知》（国科办财〔2011〕22 号），这两项政策直接明确了科技金融对提高国家自主创新能力的重要性,并提出按照试点先行的方式推进科技金融工作。

从这一阶段政策文本中提取高频率关键词,利用共词矩阵图绘制出多维尺度分析图(表3-12和图3-14),可以发现这一阶段所展现的鲜明特征。

表3-12　2011~2015年科技金融政策文本关键词词频统计

序号	关键词	词频/次	序号	关键词	词频/次	序号	关键词	词频/次
1	股权	211	7	产业	39	13	成果转化	24
2	中小企业	145	8	人才	38	14	信贷	19
3	机制	75	9	基金	34	15	创新型	17
4	金融	71	10	制度	29	16	知识产权	17
5	创业投资	52	11	资金	27	17	高新技术	14
6	资本	48	12	科技创新	24	18	体制改革	14

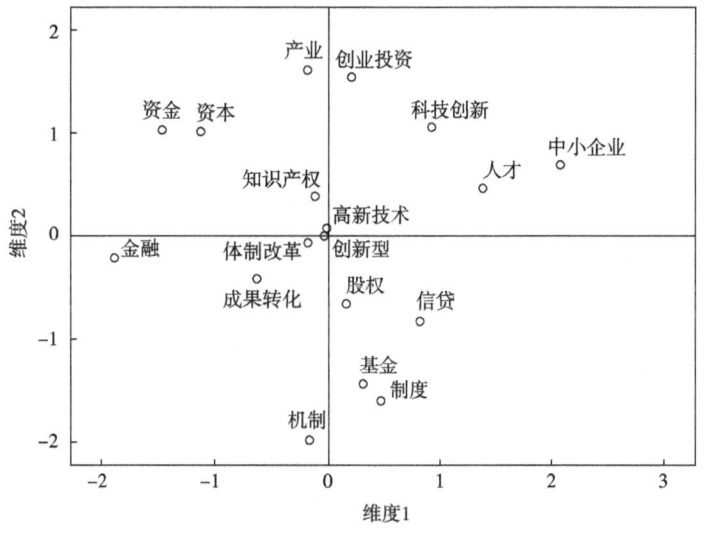

图3-14　2011~2015年科技金融政策高频关键词的多维尺度分析

第一,启动了科技金融发展的顶层设计。除了《关于促进科技和金融结合加快实施自主创新战略的若干意见》(国科发财〔2011〕540号)和《关于印发地方促进科技和金融结合试点方案提纲的通知》(国科办财〔2011〕22号)两份标志性政策文件之外,2014年,中国人民银行、科技部、中国银行业监督管理委员会等有关部委还联合下发了《关于大力推进体制机制创新扎实做好科技金融服务的意见》(银发〔2014〕9号),该意见指出要"促进科技和金融的深层次结合"。上述三份重要文件构成了科技金融发展的顶层设计思路和基本蓝图,也是对前期两个阶段科技金融工作的具体、深化和落实。

第二，政策目标集中在高新技术和创新型企业。图3-14的中心区域出现了"高新技术"和"创新型"两个近距离的核心热点词汇，这也符合党的十八届三中全会精神和《中共中央 国务院关于深化科技体制改革 加快国家创新体系建设的意见》（中发〔2012〕6号）文件精神。

第三，科技金融的重点领域和关键环节得到加强。创业投资和风险投资是之前两个阶段科技金融发展的着力点，而在这一阶段，"股权"和"创业投资"两个关键词的词频数依然较高，可以认为是对前期两个阶段科技金融重点工作的具体化落实和演化升级，也说明政策手段开始更加重视市场配置资源的方式。

总体而言，这一阶段可以称为完善调整阶段，原因在于：一方面，这一阶段通过一系列关键政策的制定和发布完成了科技金融工作的顶层设计；另一方面，进一步强化了科技金融重点领域的重点工作。此外，这一阶段出现了一些新的政策关键词，如产业、人才、体制改革和制度等，这凸显出科技金融政策的着力点开始向金融服务实体经济、依靠人才和制度创新提升科技金融水平转变。

4. 优化升级阶段：2016年至今

2016年，《国务院关于印发"十三五"国家科技创新规划的通知》（国发〔2016〕43号）和《关于支持银行业金融机构加大创新力度开展科创企业投贷联动试点的指导意见》（银监发〔2016〕14号）的出台是这一阶段科技金融政策优化升级的重要标志。

对这一阶段科技金融政策的高频词汇进行分析（表3-13和图3-15），可以发现：第一，这一阶段政策文件的核心关键词有"科技成果""技术创新""市场""股权""知识产权"，这些词汇之间的距离很近，说明这些词汇间的关系很紧密，并且这一阶段科技金融政策关注的重心是科技成果转化和技术创新。第二，"人才"一词的词频数为142次，仅次于"企业""机制"和"产业"的词频数，说明科技金融人才培养和引进问题成为这一阶段政府关注的新的热点议题。原因在于，随着多年以来科技金融政策作用的显现，科技金融得到了明显的发展，但是从长远来看，科技金融创新发展的核心关键还在于包括科技人才、高新技术人才、金融人才等在内的人才第一资源。第三，这一时期出现了"智能""环境""生态""互联网""绿色""高端"等关键词，这些关键词在之前几个阶段几乎没有出现过。可能的原因，一方面是互联网金融的快速发展及由此带来的各种风险和问题；另一方面是随着经济发展阶段的不断变化，以及新事务、新挑战、新矛盾的出现，政府也意识到金融对科技创新的支持应当是全方位、多层次、立体的，更强调经济、资源、环境、社会等的协调发展（如绿色金融与科技金融的共同发展），强调政府、市场、社会等多元政策主体的协调互动，强调不同区域的科技金融协调发展。

表 3-13　2016 年至今科技金融政策文本关键词词频统计

序号	关键词	词频/次	序号	关键词	词频/次	序号	关键词	词频/次	序号	关键词	词频/次
1	企业	392	6	股权	95	11	市场	62	16	创新型	52
2	机制	166	7	信息	91	12	科技成果	57	17	生态	48
3	产业	150	8	战略	78	13	智能	57	18	互联网	47
4	人才	142	9	金融	78	14	环境	55	19	绿色	42
5	体系	123	10	区域	73	15	知识产权	53	20	成果转化	38

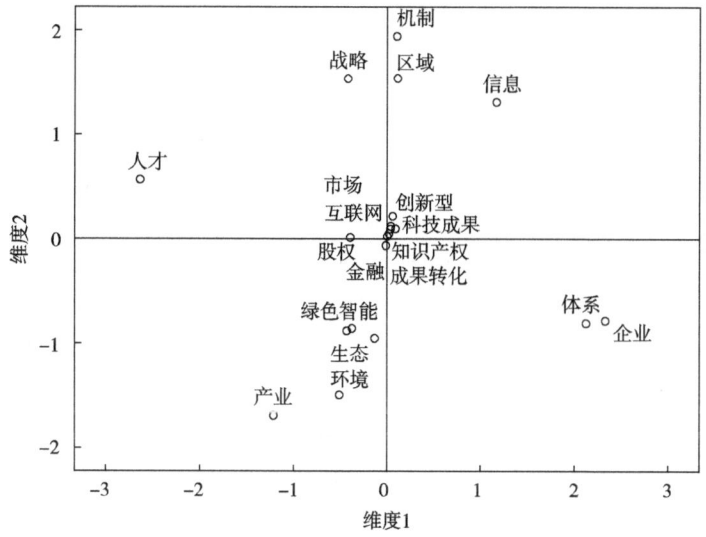

图 3-15　2016 年至今科技金融政策高频关键词的多维尺度分析

（三）科技金融政策的基本演进特征

1. 四个阶段科技金融政策演进特征

通过对四个阶段科技金融政策数量（图3-16）、政策目标和政策内容的总结归纳，可以看从 2000 年至今科技金融政策的演变具有以下主要特征。

第一，逐步建立了梯度化、差异化的科技金融政策体系。当前，科技金融政策已经涵盖了从中央提出的纲领性文件、人民代表大会层面颁布的法律、国务院层面颁布的部门规章到各部门颁布的规章、规范性文件，既包括顶层设计层面的规划、意见，也包括具体操作层面的实施方案、细则和办法。同时，随着国家及有关部委政策的出台,地方部门也相继出台了一系列配套科技金融政策,形成了从国家到地方的梯度化科技金融政策体系。

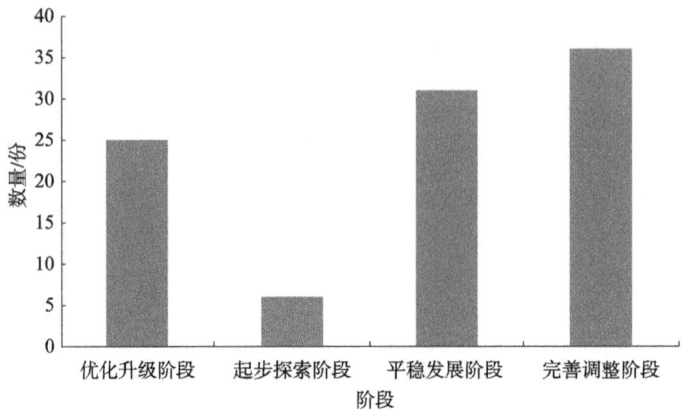

图 3-16　四个阶段科技金融政策数量统计

第二,科技金融政策目标不断发生变化且呈现出更为多元化的趋势。从起步探索阶段的"创业投资""信贷""信用担保""金融服务",到平稳发展阶段的"信用担保""信贷""保险"、完善调整阶段的"高新技术""创新型企业",再到优化升级阶段的"科技成果""技术创新""市场""股权""知识产权",这种政策目标的变化既与科技金融发展的阶段性特征有关,也与每个阶段国民经济发展和创新体系建设的重点目标任务息息相关。

第三,科技金融政策内容体系不断丰富深化且结构更加合理。这一方面体现在科技金融政策数量的持续增加,另一方面则体现在科技金融政策内容所涉维度的不断增加。例如,从起步探索阶段强调"信贷",到平稳发展阶段强调"财税政策"、完善调整阶段强调"股权投资和资本市场",再到优化升级阶段强调"科技金融中心的建设",实现了政策内容从单一地关注间接融资到关注直接融资,从关注政府引导作用到关注市场主导作用,从关注产品和服务到关注平台建设的不断深化,科技金融政策工具从"单一"渐渐发展为"综合",政策工具体系逐渐趋于完整和协调。此外,诸如"互联网""生态""智能"等新兴高频词汇的出现也说明科技金融政策内容体系的层次性更加丰富,政策结构也更加合理。

2. 四个阶段科技金融政策制定对总体政策体系完善的影响

将四个阶段的关键词用主成分分析法提取主成分,进一步分析 2000~2018 年科技金融政策文本的样本信息,分析不同阶段科技金融政策的制定对完善科技金融政策体系的作用效果。由图 3-17 可知,三个时期的关键词一共提取了两个公因子,分别是 PC1 和 PC2,其中 PC1 表示两组间差异可以解释全面分析结果的 65.2%,PC2 表示两组间差异可以解释全面分析结果的 19.1%,说明两个公因子能解释分析结果的 84.3%。图 3-17 分为四个象限，其中"完善调整阶段"和"优化升级阶段"在第一象限，这两个阶段的 PC1 和 PC2 都为正值；而"起步探索阶段"和"平稳发展阶段"在第四象限，这两个阶段的 PC1 为正值，PC2 为负值。这说明完善调整阶段对科技金融政策体系的完善作用最大，优化升级阶段、平稳发展阶段次之，起步探索阶段对科技金融政策体系的完善作用最小，这也符合实际情况——起步探索阶段出台的配套政策数量较少、质量不高，并且该阶段科技金融发展基础较薄弱，同时也说明科技金融政策正向着更高质量的层次演进升级。

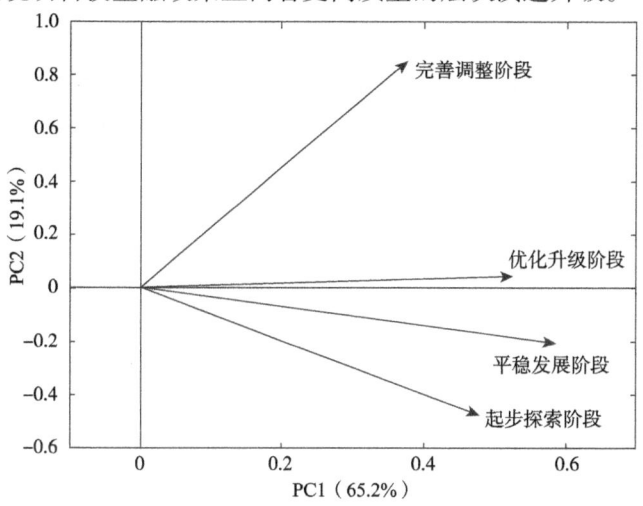

图 3-17 科技金融政策阶段的主成分分析

四、基本结论

不断优化科技金融政策体系是充分发挥政府引导作用、优化科技金融系统资源投入、提升科技金融质量的重要前提和基础。本章综合运用政策文本分析等方法，以 2000~2018 年国家和各部委颁布的 98 份科技金融政策文本为研究样本，从宏观层面解构中国科技金融政策体系，探寻其演进规律和基本特征。

主要研究结论包括：第一，1985 年以来，有关部门制定了一系列科技金融政策，旨在完善科技金融要素支撑，充分发挥金融对科技的促进作用，政策内容涉及股权投资、资本市场、科技贷款、科技保险、财政科技投入、政府引导基金、金融监管等科技金融的各个方面，政策手段既包括激励性的补贴也包括约束性的监管，政策涉及的维度既有宏观层面的顶层设计，也有微观层面的具体操作性细则；第二，2000年以来科技金融政策的演进可以清晰地划分为起步探索阶段（2000~2005年）、平稳发展阶段（2006~2010年）、完善调整阶段（2011~2015年）、优化升级阶段（2016年至今）四个阶段；第三，科技金融政策的演进特征主要表现在建立了梯度化、差异化的科技金融政策体系，政策目标不断发生变化且呈现出更为多元化的趋势，政策内容体系不断丰富深化且结构更加合理；第四，科技金融政策向着更高质量的层次演进升级。

第三节　科技金融系统的主要问题

一、科技金融要素发展相对滞后

（一）天使投资发育不足

一是与大众创业的实际需求相比，天使投资的市场潜力还未充分挖掘，高净值群体的市场参与度不高；二是天使投资激励机制不健全，退出渠道不畅，制约了天使投资生产的发展；三是与美国的天使投资相比，天使投资机构化特征更为明显，个人从事天使投资的数量少，并且专业性不强，天使投资在中国更多体现的是"投资阶段"，而不是指某一类投资人。

（二）国有创业风险投资机构管理体制机制不健全

主要表现在国有创业风险投资机构专业化管理水平有待提升，市场化的薪酬激励制度尚未真正建立，直接影响了员工的工作积极性和机构的运行效率。

（三）多层次资本市场尚不健全

主要表现在两方面。一方面，资本市场体系结构倒置，资本市场层次结构不合理。资本市场的多层次性的市场结构逐渐从"倒金字塔"形到"正金字塔"形的转变，是一种堪称"帕累托改进"的进步，但是与美国"正三角"形的结构相比，依然存在体系结构倒置、层次结构不合理等问题，仍不能满足企业融资的实际需求。

一是创业板融资比例偏低。截至 2017 年末,创业板上市公司总数为 702 家,占全国上市公司总数的 20.14%,相比 2016 年的 603 家,上升了 16.42%,但是创业板市场无论在上市公司数,还是流通市值上都远远低于主板市场,甚至新三板市场发展的速度都比创业板要快——2017 年,创业板全年增发募集资金规模为 883.85 亿元,新三板募集资金规模为 1 336.28 亿元,新三板募集资金金额超出创业板 51.19%。

二是区域性股权交易市场融资少,政策不衔接不配套,市场间各自为政。截至 2017 年底,全国共有 44 家区域性股权交易市场,其中 40 家被中国证券监督管理委员会认可,总计挂牌展示企业数量为 104 971 家,其中前海股权交易中心展示挂牌企业数量最多,为 18 204 家。但是,绝大多数市场上挂牌企业数量在 2 000 家以下,达到 63.1%的比例,如图 3-18 所示。从地域分布角度来看,广东的挂牌企业数量最多,达 26 363 家,然后是上海和山东,挂牌企业数量分别为 9 898 家和 6 315 家。从挂牌企业数量来看,排名前 3 位的分别是前海股权交易中心、上海股权交易中心及广州股权交易中心。可以看出,区域分化较为明显,各区域间的股权交易市场缺乏统一的业务与监管,法律地位缺失,加上交易制度和投资人数的限制,吸引力不够,市场普遍接受认可度偏低。从融资额来看,40 家区域性股权交易市场中有 24 家披露了融资总额,其累计融资额约为 8 656.4 亿元,融资总额达到 500 亿元以上的有 5 家,分别为广州股权交易中心、甘肃股权交易中心、广东金融高新区股权交易中心、武汉股权托管交易中心和湖南股权交易所,其中融资额在 100 亿元以上的共有 16 家,多分布在沿海及经济较发达地区,如图 3-19 所示。

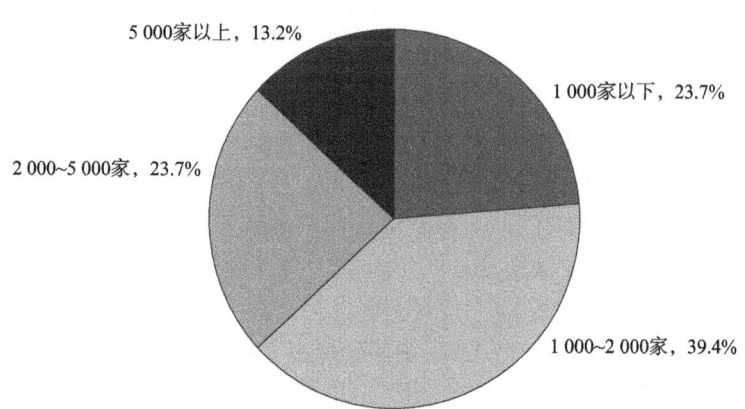

图 3-18　2017 年区域性股权交易挂牌展示企业数量分布

资料来源:根据国泰安 CSMAR 数据库的数据整理

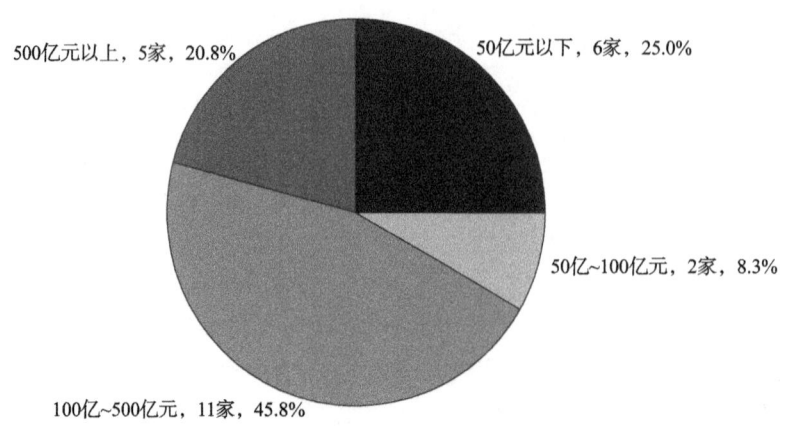

图 3-19　2017 年中国部分区域性股权交易市场融资总额数量分布
由于含入修约，数据有偏差
资料来源：根据国泰安 CSMAR 数据库的数据整理

另一方面，转板机制升降互动关系缺失。在多层次资本市场体系构建过程中，先建立场内交易所然后才建设场外市场，最终导致"倒金字塔"形市场结构的长期存在。另外，现行退市渠道的制度构建单一，可操作性过于拖沓，退市效率低，被强制退市的企业只能转入下一层次的新三板市场进行交易，同时上市公司在观念上大都不愿意从一个具有高流通性的市场退出转而在一个流通性更低的市场进行交易，各板块市场间衔接性与升降互通性不强。

（四）股权投资体系的不完善及资本市场的不健全，导致直接融资规模小，股权融资比例低

有关数据显示，2018 年前 11 个月我国的直接融资比例为 13.6%，不仅低于美国（72.36%）这样的市场主导型国家，也低于传统的银行主导型国家日本（58.15%），虽然近年来我国的直接融资比例在不断上升，但是上升的幅度较小，在社会融资规模中所占比例远低于间接融资比例，具有潜在的杠杆风险（彭振江和王斌，2017）。而从内部结构看，债券融资占直接融资的比例在不断上升，由 2002 年的 1.82% 增加到 2016 年的 17.12%，股票融资占直接融资比重由 2002 年的 3.12% 增加到 2016 年的 7.08%，增加速度虽然不是特别快但已经远超股权融资占社会总融资的比例，存在着明显的重债轻股现象。

二、科技金融产品服务创新不足

相比整个金融领域，科技金融领域的产品和服务创新相对滞后或不足。产生这一问题的主要原因包括两方面。

一方面，科技金融服务机构专业性不强导致产品服务创新困难。金融机构一般具有专业的金融人才，但缺乏科技人才，特别是既懂金融又懂科技的复合型人才，无法很好地结合金融创新和科技创新，导致开发科技金融新产品和新服务的专业能力不足，或所开发的产品服务难以满足科技型企业的实际需求。

另一方面，政策约束降低了科技金融服务机构创新产品服务的积极性。现有的对金融机构的绩效考核标准更多强调的是收益和风险控制，而一些具有创新性的科技金融产品往往收益性不高，并且一般服务早期科技创新创业活动所面临的风险更大，导致在现行的绩效考核体系中，金融机构尤其是商业银行开发或推动应用新产品的动力不足。

三、科技金融服务平台推进困难

规范专业的科技金融中介服务体系有待建立和完善，科技金融公共服务平台同时面临生存和发展的压力。

首先，现有的科技金融公共服务平台大多由政府部门主管或出资成立，在获得政府部门的注入资金后，后期往往一般需要依靠自身的运营管理在市场上获得经营收入，如何平衡公益性和收益性，是类似的公共服务平台需要首先解决的现实问题。

其次，近年来，市场化的股权投资机构或其他科技金融机构大量出现，其专业性比公益性的公共服务机构更高，产品和服务创新能力更强，在一定程度上会挤压公共服务机构的发展空间，如何协调政府主导平台和市场化平台之间的关系也是亟待解决的现实问题。

最后，由于科技成果本身的特殊属性，一些专门从事科技成果转化金融服务的线上平台，面临信息获取渠道有限、线上服务产品开发困难、线上交易难以开展等问题，部分线上平台丧失了交易功能，仅有信息发布功能，"线上"与"线下"

科技金融服务未能有效衔接。

四、科技金融供需矛盾依然存在

(一)当前科技型中小企业面临的融资难、融资贵问题没有得到根本解决

企业贷款需求逐年升高,企业科技贷款的审批通过率却没有相应提高甚至出现下降。这既有科技型企业自身的原因,也有商业银行方面的原因。

一是科技型企业往往采用轻资产运营模式,缺少必要的抵押物,创新创业风险较大;二是大型商业银行对科技型中小企业的放贷意愿不强,而中小型商业银行往往专业性不够、风控能力不强等,提供给科技型企业可选择的产品或服务不多,导致在为科技型中小企业提供贷款方面的作用有限;三是部分地区虽然设立了科技支行、科技银行或科技小额贷款公司,但整体而言仍处于起步探索阶段,为企业提供的贷款规模十分有限。这些最终表现为银行系统存贷差额的扩大,如表3-14所示,2017年,银行系统存贷差额达到了439 723亿元,是2000年的18倍;从时间变化规律看,2000~2017年,存贷差额基本保持了逐年增加的趋势,从一个侧面反映出企业贷款难的问题不仅没有得到有效解决,反而更加严重。

表3-14 2000~2017年银行系统存贷款余额

年份	存款余额/亿元	贷款余额/亿元	存贷差额/亿元	年份	存款余额/亿元	贷款余额/亿元	存贷差额/亿元
2000	123 800	99 400	24 400	2009	597 741	399 685	198 056
2001	143 617	112 315	31 302	2010	718 238	479 196	239 042
2002	170 917	131 294	39 623	2011	809 368	547 947	261 421
2003	208 056	158 996	49 060	2012	917 555	629 910	287 645
2004	241 424	178 198	63 226	2013	1 043 847	717 088	326 759
2005	287 170	194 690	92 480	2014	1 138 645	816 770	321 875
2006	335 460	225 347	110 113	2015	1 357 022	939 540	417 482
2007	389 371	261 691	127 680	2016	1 505 864	1 066 040	439 824
2008	466 203	303 395	162 808	2017	1 641 044	1 201 321	439 723

资料来源:根据EPS数据库整理

（二）对科技型企业在发展、成长、成熟、衰退等阶段的全流程金融支持体系尚未真正建立

根据全国创业风险投资对不同企业创业阶段的投资情况，一方面，从投资项目的分布看，2016年，种子期、初创期、成长期、成熟期、衰退期投资项目所占比例分别为：19.6%、38.9%、35.0%、5.7%和0.8%，可以看到，大多数项目分布在初创期和成长期，成熟期项目分布偏少。从时间变化特征看，2004~2016年，种子期投资项目最多的是2006年，之后除了2009年基本呈现下降趋势外，2013~2016年则基本稳定在20%左右；起步期投资项目最多的是2016年，投资项目最少的是2007年，2013~2016年的投资项目基本保持在30%以上；成长期投资项目一直保持了较高的比例，除2006年以外，所占比例大多在35%以上；成熟期投资项目的所占比例变动较大，特别是2014~2016年所占比例下降幅度较大，均在7%以下；衰退期投资项目所占比例是几个阶段中分布最少的，这也比较符合创业风险投资的运作实际，如表3-15所示。

表3-15　2004~2016年全国创业风险投资各阶段投资项目所占比例情况

年份	种子期	初创期	成长期	成熟期	衰退期
2004	15.8%	20.6%	47.8%	15.5%	0.3%
2005	15.4%	30.1%	41.0%	11.9%	1.6%
2006	37.4%	21.3%	30.0%	7.7%	3.6%
2007	26.6%	18.9%	36.6%	12.4%	5.4%
2008	19.3%	30.2%	34.0%	12.1%	4.4%
2009	32.2%	20.3%	35.2%	9.0%	3.4%
2010	19.9%	27.1%	40.9%	10.0%	2.2%
2011	9.7%	22.7%	48.3%	16.7%	2.6%
2012	12.3%	28.7%	45.0%	13.2%	0.8%
2013	18.3%	32.5%	38.2%	10.0%	1.0%
2014	20.8%	36.5%	36.0%	6.5%	0.3%
2015	18.2%	35.6%	40.1%	5.4%	0.7%
2016	19.6%	38.9%	35.0%	5.7%	0.8%

资料来源：根据《中国风险投资年鉴（2016）》整理

另一方面，从投资金额的分布看，2016年，种子期、初创期、成长期、成熟期、衰退期投资金额所占比例分别为：4.3%、30.3%、38.5%、26.3%和0.6%，与投资项目所占比例分布具有相似的分布特征，投资金额主要分布在初创期、成长期和成熟期。但是一般而言，创业企业在种子期的资金需求往往最大，这种不均衡的投资金额分布可能导致无法满足企业生命周期不同阶段的融资需求，如

表3-16所示。

表 3-16　2004~2016 年全国创业风险投资各阶段投资金额占比情况

年份	种子期	初创期	成长期	成熟期	衰退期
2004	4.5%	12.3%	44.8%	38.4%	0
2005	5.2%	20.0%	46.8%	26.3%	1.7%
2006	30.2%	11.5%	39.4%	14.6%	4.3%
2007	12.7%	8.9%	38.2%	35.2%	5.0%
2008	9.4%	19.0%	38.5%	26.5%	6.6%
2009	19.9%	12.8%	45.0%	18.5%	3.7%
2010	10.2%	17.4%	49.2%	20.2%	3.0%
2011	4.3%	14.8%	55.0%	22.3%	3.6%
2012	6.6%	19.3%	52.0%	21.5%	0.6%
2013	12.2%	22.4%	41.4%	22.8%	1.2%
2014	4.6%	20.7%	66.4%	8.3%	0
2015	8.1%	21.5%	54.5%	15.2%	0.7%
2016	4.3%	30.3%	38.5%	26.3%	0.6%

资料来源：根据《中国风险投资年鉴（2016）》整理

五、科技金融人才严重缺失

科技金融人才是典型的复合型人才，既需要懂会计、财务和金融知识，也需要对现代技术发展的状况和趋势有足够的认识和了解。一方面，高等院校一般以不同的专业类型为基础进行人才培养，如会计专业、财务管理专业、金融专业、计算机专业、生物工程专业等，可能导致会计专业的学生不懂金融知识，更不懂理工科的专业知识，即使高校普遍开展了双学位或辅修二学位的人才培养模式，知识的建构还是建立在不同专业基础上，而不是专业知识的融合；另一方面，银行、股权投资机构一般具有较高的薪酬水平，人才培训体系也比较健全，对人才的吸引力较大。但是，一般的科技金融中介服务机构特别是公共服务机构的薪酬水平则参差不齐，专业人才的培养能力也十分有限。高校院所的人才输送不够、中介服务机构的人才培育能力不足等因素共同造成科技金融人才的缺失。

六、科技金融区域发展失衡

各区域由于经济发展基础、金融要素水平、科技金融环境等方面的差异，科技金融发展能力、发展水平呈现出较大的差异性，总体表现出"东强西弱"的特征，北京、上海、广州和浙江是股权投资机构的聚集地。总体来说，科技金融发展水平与区域经济发展水平呈现出一定的关联性，即经济发展水平较高的区域往往科技金融发展水平也较高，并且，较高的科技金融发展水平又会促进经济增长，从而导致科技金融发展水平和经济发展水平的"两极化"。以财政科技投入和新三板市场挂牌企业的区域分布为例进行说明。

从财政科技投入的区域差异看，2017年，全国财政科技投入位列前3位的省（区、市）分别是广东、江苏、上海，当年财政科技投入分别达到823.8935亿元、428.0090亿元和389.8973亿元；而位列最后3位的省（区、市）分别是西藏、青海、海南，当年财政科技投入分别为8.4933亿元、11.9353亿元和12.4721亿元，如表3-17所示。四大区域板块财政科技投入所占比例如图3-20所示。

表3-17 2017年各省（区、市）财政科技投入　　　　单位：亿元

省（区、市）	金额	省（区、市）	金额	省（区、市）	金额
北京	361.7581	安徽	260.4129	四川	106.5746
天津	115.9874	福建	99.4414	贵州	87.7209
河北	69.0827	江西	120.0857	云南	53.4171
山西	50.2451	山东	195.7718	西藏	8.4933
内蒙古	33.6737	河南	137.937	陕西	79.3360
辽宁	57.3820	湖北	234.2714	甘肃	25.8301
吉林	46.8447	湖南	91.4239	青海	11.9353
黑龙江	46.9094	广东	823.8935	宁夏	25.5529
上海	389.8973	广西	60.0392	新疆	42.814
江苏	428.0090	海南	12.4721		
浙江	303.4961	重庆	59.3077		

资料来源：国家统计局（2018）

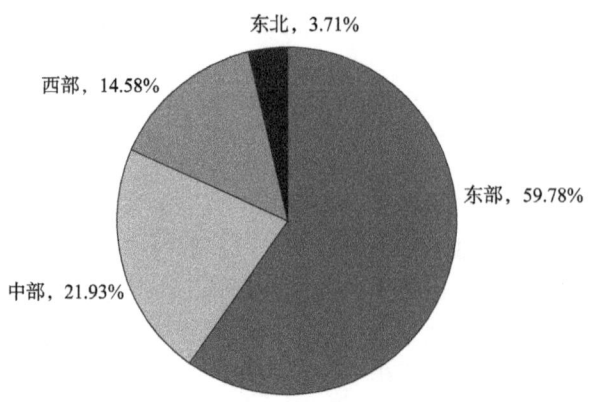

图 3-20　四大区域板块财政科技投入所占比例

资料来源：国家统计局（2018）

从新三板市场挂牌企业的区域分布看，截至 2017 年末，新三板市场挂牌企业共有 11 630 家，其中，广东拥有新三板市场挂牌企业 1 878 家，占全部挂牌企业数的 16.15%。此外，北京、江苏、浙江、上海分别拥有新三板市场挂牌企业 1 618 家、1 390 家、1 032 家和 989 家，位列前 5 位的省（市）拥有挂牌企业数量接近全国的 60%，而西部地区的甘肃、西藏、青海所拥有挂牌企业数量均不到 50 家，如表 3-18 所示。

表 3-18　2017 年新三板市场挂牌企业地域分布

省（区、市）	新三板市场挂牌企业数量		省（区、市）	新三板市场挂牌企业数量	
	企业数/家	所占比例		企业数/家	所占比例
广东	1 878	16.15%	江西	161	1.38%
北京	1 618	13.91%	重庆	142	1.22%
江苏	1 390	11.95%	新疆	98	0.84%
浙江	1 032	8.87%	黑龙江	97	0.83%
上海	989	8.50%	云南	92	0.79%
山东	636	5.47%	吉林	88	0.76%
福建	405	3.48%	山西	83	0.71%
湖北	404	3.47%	广西	72	0.62%
河南	378	3.25%	内蒙古	66	0.57%
安徽	358	3.08%	宁夏	66	0.57%
四川	332	2.85%	贵州	59	0.51%
河北	241	2.07%	海南	43	0.37%
湖南	239	2.06%	甘肃	34	0.29%
辽宁	234	2.01%	西藏	21	0.18%
天津	205	1.76%	青海	5	0.04%
陕西	164	1.41%	合计	11 630	100%

资料来源：①详解 2017 年新三板官方数据（挂牌、融资、交易、估值），http://www.sohu.com/a/214671793_136912；②全国中小企业股份转让系统 2017 年市场统计快报，http://www.neeq.com.cn/；由于含入修约，数据有偏差

七、科技金融环境有待改善

（一）企业信用体系建设还不完善

第一，企业信用信息的有效供给和需求严重不足。供给方面，企业信用信息披露制度不完善，资信评级机构获得企业信用信息的渠道不畅通，无法准确评定企业信用等级，导致无法向社会提供高质量的企业信用信息产品；需求方面，供给端无法提供有效、有用的企业信息产品，导致社会对企业信用产品的有效需求不足。供需之间的矛盾进一步造成企业信用服务市场不发达、服务机构公信力不足、服务体系不健全。

第二，企业信用评价标准不统一，评价制度不完善。突出表现在：各商业银行有自身独立的企业信用评价体系，相同的企业可能在不同的银行获得的信用评价等级不同；工商、税务等政府部门从自身工作需要对企业进行合同信用评估或纳税信用评估，这种评估方式不够客观和全面。

第三，对企业失信行为的惩罚机制不健全。由于法律法规尚不健全，企业失信时往往没能受到及时的惩罚，失信代价小于失信收益，反而助长了企业的失信行为。

（二）科技金融监管面临严峻挑战

科技金融本身的金融属性决定了其具有一定的金融风险，并会形成发展泡沫，损害金融消费者权益等，金融监管就显得尤为必要。不同于美国的混业监管和英国的沙盒监管模式，中国对科技金融主要采取负面清单监管模式，即规定哪些事情不能做。当前科技金融监管存在的主要困难或问题表现在以下几个方面。

一是监管滞后。一方面，科技金融市场体量迅速扩大，导致监管面临的市场环境发生重大变化并增加了监管难度；另一方面，随着金融科技和保险科技创新不断加快，互联网、人工智能等新兴技术在科技金融领域的广泛应用和创新，监管理念、监管标准、监管手段、监管规则的革新往往落后于科技金融创新的进程和风险控制的需要，甚至出现一些监管空白。

二是监管超前。由于监管部门对某些科技金融创新了解不够深入，只看到其风险的一面而忽视其积极的一面，监管部门可能会实施超前的监管，从而在某种程度上抑制科技金融创新。

三是分业监管体制。随着金融全球化、自由化和金融创新的迅猛发展，金融机构业务创新与交叉融合不断深化，金融业务逐渐呈现多样化、分散化的特点，金融风险点发生很大变化，分业监管体制下无法防范系统性金融风险，同时也容易形成监管的"三不管地带"，监管缺失或监管重叠会给不法套利行为创造有利条件，从而增加科技金融风险隐患。

八、科技金融政策支持不够

当前，政府在金融对科技的支持力度和对其发展方向的引导力度方面有待加强，科技金融政策体系存在的主要问题包括三方面。

一是目前出台的科技金融政策大多是意见和通知，适用性较差，针对性强、具有操作性的政策所占比例相对较少。

二是相关政策已经较为丰富，但各个政策文件是以零散的形式出现，相互之间存在一定的孤立和"碎片化"，特别是细化的科技金融政策之间衔接不够，"政出多门"的现象较为明显。此外，一些重点领域的关键政策还存在缺失或需要进一步加强，如一直被科技界诟病的财政科技投入评价体系改革政策；科技金融税收优惠政策并没有出现在高频词当中，而事实上当前股权投资的繁荣发展，亟须税收优惠政策的进一步完善和落实。

三是在政策执行过程中存在部门之间协调不够、落实难以到位等问题，同时，政策宣传推广不到位、信息不对称导致企业不知晓政策信息的情况较为普遍。

第四节 本章小结

中国科技金融至今已经历 30 多年的发展历程，先后经历了初始萌芽、多元探索、快速发展和全面提升四个阶段，股权投资、资本市场、政府引导基金等发展迅速，科技金融系统不断完善，科技金融政策体系不断健全。尽管中国在科技与金融相结合方面取得了显著的成绩，但是存在问题依然明显，主要表现在：科技金融要素发展相对滞后、产品服务创新不足、服务平台推进困难、供需矛盾依然存在、人才严重缺失、区域发展失衡、环境有待改善、政策支持不够等。上述问题的存在，直接导致科技与金融结合的绩效不高，金融对科技创新、科技成果转化、企业衍生发展的支持不够，构建和完善科技金融系统任重道远。

第四章 科技金融系统的运行效率与影响因素

湖北省是中部地区乃至全国范围内重要的经济大省与科教大省，肩负着中部崛起战略支点的重要使命。湖北省科教资源丰富，具备一定的金融基础，科技金融市场空间大、发展潜力足，金融创新与科技企业融资需求强烈。当前，湖北省正处于全面建设创新型省（区、市）的关键期与黄金期，推进科技与金融深度融合，促进科技金融系统稳定有序发展，是实现湖北省经济高质量发展的重要举措。本章重点分析湖北省科技金融系统发展的基本状况，构建科技金融系统运行效率评价模型，以湖北省为例，探讨其科技金融系统运行效率的时空演变规律及影响因素，并在全国层面进行横向比较分析，最后提出提升湖北省科技金融系统运行效率的实现路径[1]。

第一节 研究区域背景

一、湖北省科技金融系统的运行状况[2]

（一）科技要素发展状况

2016 年，湖北省科技活动人员达 393 333 人，比 2006 年增加 197 349 人，年均增长率为 7.2%；科学研究与开发机构数量达到 2 158 个，比 2006 年增加 794 个，年均增长率为 4.7%；技术合同数量为 24 248 项，合同金额达 9 277 311 万元，分

---

[1] 本章及第二章第二节、第三节内容主要来源于本书编写组成员杨丽莎的硕士学位论文。
[2] 关于运行状况问题的分析部分内容转引自历年湖北省金融发展报告，书中不再逐一列明，具体参见：http://jrj.wuhan.gov.cn/html/zwgk/jrfzbg/hbsjrfzbg/。

别比 2006 年上升 18 921 项及 8 832 368 万元，年均增长率分别为 16.4%、35.5%；"四上"①高新技术产业的增加值为 5 488.29 亿元，增幅达 13.9%，其中，高新服务业增加值为 726.67 亿元，增幅达 22.6%，高新制造业增加值为 4 761.62 亿元，增幅达 13.0%，新材料、电子信息、生物医药与医疗机械、先进制造等领域加快发展。2016 年，湖北省共审核通过 42 家省级科技企业孵化器，其中，武汉有 11 家，宜昌有 4 家，荆州有 4 家，荆门有 4 家，鄂州有 4 家，襄阳有 3 家，十堰有 3 家，黄冈有 3 家，孝感有 2 家，黄石有 2 家，咸宁有 1 家，天门有 1 家；在众创空间数量方面，湖北省共有 66 家创新创业服务机构被认定为"众创空间"，其中，武汉拥有 19 家。

（二）金融要素发展状况

湖北省金融业发展迅速，各类发展扶持政策相继出台，人才、资本、平台、项目等要素资源加快集聚，金融产品服务不断创新。截至 2016 年末，湖北省上市公司总数创历史新高，位居中部第一、全国第九，新三板市场挂牌企业数量水平不断上升，湖北省资本市场逐渐发展成熟，为进一步实现和强化科技金融系统中金融要素的融资功能打下了良好基础。其中，信贷市场、保险市场、证券市场相关数据均呈现良好上升趋势，资本市场成长迅速，为进一步提升科技金融产品与服务水平、提高其系统运行效率与市场发展速度提供了有力支持。

第一，信贷市场方面，湖北省金融机构贷款额基本呈持续上升趋势，金融机构信贷规模不断扩大。2016 年，湖北省金融机构贷款额达 29 514.56 亿元，比 2006 年增加 23 658.81 亿元，年均增长率为 17.6%，上升势头良好。

第二，保险市场方面，2006~2016 年，湖北省保险市场整体发展态势良好，保险机构数量由 2006 年的 2 156 家上升至 2016 年的 3 918 家，年均增长率为 6.2%；保费收入由 2006 年的 160.8 亿元上涨至 2016 年的 1 047.79 亿元，上升幅度较大，年均增长率高达 20.6%，增长迅速；保险机构数量与保费收入水平均保持持续上升趋势。

第三，证券市场方面，2006~2016 年，湖北省股票市价总值整体呈波动上升趋势且上升幅度较大。2006~2007 年，湖北省股票市价总值持续上升，2008 年金融危机爆发，对湖北省的证券市场产生一定冲击，股票市价总值下降为 1 814.65 亿元；随后，政府"救市计划"取得进展，证券市场逐渐恢复活力，湖北省股票市价总值逐步回升；2012~2016 年，武汉东湖新技术开发区获批新三板扩容试点，武

---

① "四上"企业指规模以上工业企业、资质等级建筑业企业、限额以上批零住餐企业、限额以上服务业企业等四类规模以上企业的统称。

汉光谷联合产权交易所等 11 所交易中心通过国家整顿清理验收，武汉城市圈金融改革方案获批，湖北省证券市场发展迅速，股票市价总值保持持续上升趋势。

（三）中介服务要素发展状况

一是科技金融综合服务平台建设取得成果。湖北科技金融创新创业服务平台、武汉科技金融服务中心、光谷创业咖啡等机构平台投入运营，形成线上线下对接的服务机制，进一步打通资本市场通道，为湖北省科技企业提供全周期、多功能金融服务。其中，创新创业服务平台建设效果明显，已吸纳湖北省上万家科技企业入驻，湖北省内外百余家金融机构积极参与合作，已帮助湖北省内科技型中小企业促成融资超过 8 亿元。

二是科技金融专营机构建设步入正轨。随着湖北省金融业发展的日益成熟与科技企业融资需求的扩大，政府有关部门积极鼓励有实力、有基础、有条件的金融机构和商业银行成立科技金融专营机构。截至 2016 年底，湖北省共有 16 家规模相对较大的专业化科技信贷分支机构，此外，科技担保专营机构数量实现突破，上升至 13 家，科技小贷金融公司数量达 15 家，为湖北省科技企业各类融资需求提供了专业化、一站式综合服务。

三是科技金融研究平台投入运营。武汉光谷科技金融研究院等特殊科研平台以湖北省丰富的科教资源为依托，深入推进与相关高等院校及专家学者合作，有效组建湖北科技金融专家智库，为政府有关部门及科技企业提供相应的咨询、指导服务。

（四）政府要素发展状况

1. 财政科技投入规模不断扩大

第一，近年来，湖北省财政科技投入规模实现大幅增长，由 2006 年的 2.92 亿元上升至 2016 年的 190.11 亿元，年均增长率高达 51.8%，上升势头强劲。第二，财政科技投入占财政支出的比例变动略有起伏，但整体仍保持上升趋势，由 2006 年的 0.33%增加至 2016 年的 2.58%，年均增长率为 22.8%，增长趋势明显。第三，湖北省科学技术厅以进一步推动科技成果在湖北省转化、促进湖北省科技发展与重点项目孵化为目标，大力推进"科技成果大转化工程"建设并取得一定成果，2016 年湖北省共完成 1 255 项科技成果的转化工作，湖北省创业投资引导基金规模不断扩大，财政资金投入机制与项目孵化转化模式不断创新，为湖北省科技金融系统建设奠定良好基础。

2. 科技金融政策体系逐渐完善

为进一步推进湖北省科技金融系统建设、打造"创新型省份"，湖北省人民政府围绕资本市场、创投引导基金、股权融资、质押融资、融资租赁、科技保险、担保、知识产权、科技投入等领域制定和出台相应专项政策，有效引导湖北省科技金融发展方向与路径，为湖北省科技金融系统稳定运行提供了有力的政策支持。此外，针对中国（湖北）自由贸易试验区、武汉城市圈、长江经济带、武汉东湖新技术开发区等特殊区域的发展需求与特点，各级政府加强政策创新与制度管理，保障其科技金融创新活动的顺利开展。

二、湖北省科技金融系统存在的主要问题

（一）金融要素存在的主要问题

一是企业融资渠道较为单一，投贷联动、银保联动等发展模式有待进一步创新，科技金融产品服务针对性与专业性不强，质押贷款、融资租赁、高新技术类债券、股权融资等领域发展不足，难以满足湖北省科技企业各阶段的融资需要。

二是科技保险与科技担保业务尚不成熟，相比融资信贷领域，科技保险与科技担保行业发展相对滞后，湖北省尚未建成覆盖全省的信用网络体系，缺少信用评级龙头机构与专业征信平台，科技保险与科技担保产品种类较少、覆盖面窄、承保额度较低，无法满足现阶段科技金融系统建设需要，科技企业融资的风险防控机制的设计与落实有待优化。

三是创投风投市场有待完善，相比北京、上海等地区，湖北省的创投风投领域仍处于探索发展阶段，投资规模相对较小，从业人员数量不足、专业水平较低，创投风投机构数量偏少且多集中于武汉地区，其他市（州）发展较慢；投资对象结构有待优化，基础研究、初创项目、中小企业等融资较难，不利于科技金融系统的长期发展；缺乏有效的市场准入和退出机制，融资资金难以周转，存在较大风险隐患。

四是多层次资本市场建设仍有不足，相关机制体制仍不健全，市场活跃度不够，票据交易中心、排污权交易中心等机构建设尚不成熟，创业板、新三板、四板等尚未形成有效的连接通道。

（二）中介服务要素存在的主要问题

一方面，湖北省尚未建立联通各市（州）的科技金融信息服务平台，相关市场及主体间信息传递不及时、不完整，道德风险问题难以避免，金融机构、融资企业、中介服务机构等主体间缺乏有效的沟通与对接机制。

另一方面，相比北京、上海、广州等发达地区，湖北省科技金融中介服务体系发展稍显落后，相关机构平台规模小、质量差、功能少、重复建设、资金来源不稳定、缺乏全国知名品牌机构、分工不明确等问题有待解决；相关制度体系不完善，中介服务机构缺乏规范管理，组织结构不合理，从业人员职业素养与工作能力较差，缺少专业人才队伍，中介服务机构日常运行效率有待提高。

（三）政府要素存在的主要问题

一是科技金融政策落实不到位。针对科技信贷、财政补贴、科技保险、创投风投、质押贷款等不同领域，缺乏有效的监管与执行机制，各项政策制度难以落地实施，税收减免、资格审定、财政补贴申请、亏损核销等环节流程复杂、手续烦琐，未能有效发挥政府扶持作用；各部门缺乏沟通协作，职能重复、职能缺失等现象难以避免，不利于科技金融系统的长期、有序发展；缺乏有效的政策推广普及机制，企业难以及时、全面地获取政府政策变动信息，信息不对称现象较为严重。

二是政府资金投入方式与比例不够合理。财政科技资金覆盖范围与分配比例有待改进，引导基金、科技保险等领域的投入补贴机制有待完善，财政资金利用效率相对较低，尚未形成合力。

三是财政科技投入规模仍有待提升。湖北省的财政科技投入规模与北京、上海、江苏、浙江、广东等发达地区相比仍有较大差距，财政科技投入所占比例较低，政府扶持力度有待提高。

四是缺乏健全的科技金融系统协调机制。不同政府部门、科技企业、金融机构等尚未实现资源信息的互联互通，各主体间缺乏有效、畅通的沟通与协调机制，行政壁垒、区域限制等问题导致工作碎片化、资源分散化等现象产生，政策效果难以发挥。科技金融工作的开展缺乏统一规划，各部门职能分工不明晰，机构、岗位等设立冗余，组织结构有待优化，行政部门工作效率相对较低。

第二节 研究模型设计

一、指标体系构建

根据本书的研究目标，结合科技金融系统的主要特点，基于数据可得、操作可行、系统有效、科学客观的基本原则，本书从投入和产出两个维度选取适宜指标，设计和优化科技金融系统运行效率评价指标体系。

（1）在科技金融系统投入指标方面，本书主要选取金融机构贷款额、股票市价总值及保险机构保费收入三项指标进行测算，从信贷市场、证券市场及保险市场的角度着手，综合反映金融市场的发展状况，有效衡量科技金融系统的要素资源投入情况。

金融市场规模越大、发展越成熟、体系越完善，对技术市场的支撑作用越强，有利于解决科技企业融资难题，进一步推动初创型企业的培育和成长。其中，金融机构贷款额有效反映信贷市场的发展规模，股票市价总值综合代表证券市场的发展程度，保险机构保费收入反映保险市场的发展情况，三者综合反映和代表了金融市场的实际发展成熟情况。

由于数据的搜集和获取存在较大难度，在没有科技贷款金额、科技保险等详细统计数据的情况下，选取上述指标间接反映金融要素对科技企业的资金支持与促进情况。

（2）在科技金融系统产出指标方面，本书围绕创新创业链条中的发明创造、技术转移、成果转化和产业化等关键环节，选择专利授权数、技术市场成交额及高新技术产业新产品销售收入三项重要指标进行测算，有效衡量科技金融系统科技成果与经济效益的产出情况。指标选取主要基于以下几方面的考量：专利授权数有效衡量科技金融系统的直接产出成果情况，技术市场成交额及高新技术产业新产品销售收入则衡量科技金融系统的间接产出成果情况；前者反映科技金融系统对技术研发、产品交易的促进作用，后者则代表科技金融系统对技术成果产业化的影响情况。

综上所述，科技金融系统运行效率评价指标体系如表4-1所示。

表 4-1　科技金融系统运行效率评价指标体系

类别	评价指标	单位
投入指标	金融机构贷款额	亿元
	股票市价总值	亿元
	保险机构保费收入	亿元
产出指标	专利授权数	项
	技术市场成交额	亿元
	高新技术产业新产品销售收入	亿元

二、研究方法

（一）DEA-BCC[①]模型

DEA-BCC 模型以规模收益可变的相关思想为核心，有效解决 DEA-CCR[②]模型因固定规模收益引起的问题与局限，被广泛应用于多个研究领域。DEA-BCC 模型在 CCR 模型的基础上进一步将综合效率（technical efficiency，TE）进行分解和归类，有效探讨在不同要素作用下形成的生产效率水平，主要包括通过技术、资源利用、市场管理能力等因素影响生产率的纯技术效率（pure technical efficiency，PTE），以及以衡量决策单元是否达到最优规模为目的的规模效率（scale efficiency，SE），二者共同决定和影响决策单元的有效性，即 TE = PTE×SE。DEA-BCC 模型一般假设有 n 个决策单元，以及存在 m 个投入变量、s 个产出变量，则第 i 个决策单元的投入、产出向量分别为

$$\boldsymbol{x}_i = (x_{1i}, x_{2i}, \cdots, x_{mi})^{\mathrm{T}} \tag{4.1}$$

$$\boldsymbol{y}_i = (y_{1i}, y_{2i}, \cdots, y_{si})^{\mathrm{T}}, \quad i=1,2,\cdots,n \tag{4.2}$$

引入投入指标加权指数 u 及产出指标加权指数 v，则投入产出指标的权向量分别为

$$\boldsymbol{u}_i = (u_1, u_2 \cdots, u_m)^{\mathrm{T}} \tag{4.3}$$

$$\boldsymbol{v}_i = (v_1, v_2, \cdots, v_s)^{\mathrm{T}} \tag{4.4}$$

因此，决策单元效率评价指数为

---

① DEA：data envelopment analysis，数据包络分析；BCC：Banker、Charnes 和 Cooper。
② CCR：Charnes、Cooper 和 Rhodes。

$$h_i = \frac{\sum_{k=1}^{s} v_k y_{ki}}{\sum_{k=1}^{m} u_k x_{ki}}, \quad h_i \leq 1 \qquad (4.5)$$

因 TE = PTE×SE，若某一决策单元的效率评价指数（综合效率）等于 1，且其各分解效率亦均为 1，则该研究对象属于 DEA 有效，即相对于其他研究对象的水平，该单元效率值最高；若某一决策单元综合效率小于 1（两项分解效率指标中仅有一方为 1），则该研究对象属于弱 DEA 有效；若某一决策单元综合效率小于 1，且两项分解值均不等于 1，则该研究对象属于非 DEA 有效，其效率值水平较差。

（二）基尼系数

基尼系数是以探讨社会对员工收入分配是否公平合理为目的而提出的重要计算模型，主要通过量化模型指标，对各类经济现象进行分析，目前已成为研究区域发展平衡性与差异性的常用方法，被广泛应用于收入分配、资源分配、发展绩效等领域的均衡性研究中。本书根据基尼系数基本模型代入相关指标，科技金融系统运行效率基尼系数的计算公式如下：

$$G = \frac{1}{2N^2 \bar{x}} \sum_{i=1}^{N} \sum_{j=1}^{N} |x_i - x_j| \qquad (4.6)$$

其中，G 表示各地区科技金融系统效率的基尼系数值；N 表示模型中研究的区域数量；x_i 和 x_j 分别表示第 i 个地区和第 j 个地区的科技金融系统效率；$\bar{x}$ 表示所有地区科技金融系统效率的平均值。

基尼系数取值范围在 0~1，$G = 0$ 时，表明所有地区的科技金融系统建设完全均衡，各地区的科技金融系统效率没有差异；$G = 1$ 时，表明所研究地区科技金融建设完全失衡，各地区的科技金融系统效率存在较大差异。基尼系数值越大，代表所研究地区的科技金融系统效率差异越大，科技金融系统发展失衡问题越严重。

（三）点密度分析

点密度分析主要运用于计算房屋、经济、人口等现象或事件的观测值在不同区域的密度，是探讨某经济现象区域分布情况的常用工具。点密度分析将每个研究测算对象的周围按照一定标准划分一项特殊区域，该区域内所有点数总值与区域面积的比值被称为研究单元的点密度，其方程为

$$f = \frac{1}{nh}\sum_{i=1}^{n}\frac{x-x_i}{h} \qquad (4.7)$$

其中，h 为阈值；n 为 h 特定范围内的点数量。

某现象或事件可发生在空间的任意位置，在不同位置的事件的效率或概率存在差异，点密度大的区域该事件的效率或概率相对较大，点密度小的区域该事件的效率或概率则相对较小。

方程（4.7）表示分布在每个 x_i 点中心处的密度最高，向外不断降低，离 x_i 点中心处越远，密度越低。

（四）Tobit 回归模型

与传统的离散型模型或连续型方程模型不同，Tobit 回归模型主要针对因变量的受限和截断问题，最早由诺贝尔奖获得者 James Tobin 提出，Tobit 回归模型可分为代表约束条件的选择模型和实现约束条件的连续模型两种。模型基本公式为

$$Y = \begin{cases} Y^* = \boldsymbol{\alpha} + \boldsymbol{\beta}X + \varepsilon & (Y^* > 0) \\ 0 & (Y^* \leq 0) \end{cases} \qquad (4.8)$$

其中，Y 为截断因变量向量；X 为自变量向量；$\boldsymbol{\alpha}$ 为截距项向量；$\boldsymbol{\beta}$ 为模型参数向量；ε 为随机干扰项。

在此基础上，本书为进一步减少和消除模型测算误差、提高评价结果可信度与有效度，对相关指标数据做对数处理，针对湖北省科技金融系统效率的影响因素分析构建 Tobit 方程模型：

$$E_{it} = \beta_1 + \beta_2 \mathrm{Ln} A_{it} + \beta_3 \mathrm{Ln} B_{it} + \beta_4 \mathrm{Ln} C_{it} + \beta_5 \mathrm{Ln} D_{it} + \beta_6 \mathrm{Ln} E_{it} + \varepsilon_{it} \qquad (4.9)$$

其中，E_{it} 表示科技金融系统效率，即基于 DEA-BCC 模型测算出的科技金融系统效率；A 表示政府扶持力度；B 表示金融业成熟度；C 表示金融发展规模；D 表示科技发展规模；E 表示科技投入力度；β_i 在面板 Tobit 混合效应模型及面板 Tobit 随机效应模型中为定值常数，而在固定效应模型中则为各观测值的模型系数；ε_{it} 表示随机扰动项。

三、数据来源

本书所收集的数据主要来源于《湖北省统计年鉴》《中国统计年鉴》《中国高技术产业统计年鉴》《中国金融统计年鉴》《中国金融数据库》等相关统计资料，

同时对样本数据进行标准化处理，以进一步减少计算误差，保障模型评价结果的可靠性与有效性。为便于开展横向综合比较，本书的指标数据来自我国（不含港澳台地区）除西藏、新疆以外的 29 个省（区、市），研究样本期为 2006~2016 年[①]。

第三节　科技金融系统运行效率的时空格局

一、湖北省科技金融系统运行效率的时间变化规律

利用 DEAP 2.1 软件对模型各指标数据进行计算，得到 2006~2016 年湖北省科技金融系统运行效率及其分解值的时间变化规律，如表 4-2 所示。其中，如前文所述，纯技术效率与规模效率均为 1，则科技金融系统运行效率达到 DEA 有效状态；纯技术效率与规模效率仅一方为 1，为弱 DEA 有效状态；二者均不为 1，则为非 DEA 有效状态。

表 4-2　2006~2016 年湖北省科技金融系统运行效率

时间	综合效率	纯技术效率	规模效率	状态
2006 年	0.876	0.902	0.971	非 DEA 有效
2007 年	0.917	0.917	1.000	弱 DEA 有效
2008 年	0.831	0.898	0.925	非 DEA 有效
2009 年	0.859	0.921	0.933	非 DEA 有效
2010 年	0.960	0.971	0.989	非 DEA 有效
2011 年	0.975	0.975	1.000	弱 DEA 有效
2012 年	0.987	0.987	1.000	弱 DEA 有效
2013 年	0.993	0.993	1.000	弱 DEA 有效
2014 年	1.000	1.000	1.000	DEA 有效
2015 年	1.000	1.000	1.000	DEA 有效
2016 年	1.000	1.000	1.000	DEA 有效

[①] 原始数据见附表 1~附表 11。

从湖北省科技金融系统运行效率的时间变化规律来看，2006~2016 年，湖北省科技金融系统运行效率整体呈上升趋势，但综合效率及其各分解值均表现出不同程度的升降波动，科技金融系统发展仍不稳定。其中，2006~2007 年，湖北省科技金融系统综合效率实现增长，由 2006 年的 0.876 上升至 2007 年的 0.917，该阶段湖北省金融市场不断完善，金融资本快速累积，武汉城市圈被正式批复成为两型社会建设综合配套改革试验区，湖北省人民政府出台《湖北省金融服务创新方案》等一系列政策措施，证券业、信贷业、保险业加快发展，进一步释放市场活力，金融业的快速发展为科技金融系统建设提供有力支撑，湖北省科技金融系统运行效率由非 DEA 有效状态变为弱 DEA 有效状态。

然而，随着 2008 年全球金融危机的爆发，湖北省的金融市场与经济建设受到严重冲击，科技金融系统运行效率下降明显，变为非 DEA 有效状态。随后，为解决金融危机影响，促进科技金融系统运行效率回升，政府提出进一步增强内需、提高财政与社会投资规模等各项重要举措，为湖北省经济建设保驾护航，湖北省的经济发展逐渐复苏，政府"一揽子计划"有效推动社会资本流动、拉动内需、扩大投资、解决市场失灵，为科技企业发展提供了有力的政策与资金保障，科技金融系统综合效率、纯技术效率及规模效率保持稳定上升态势。同时，随着武汉城市圈金融改革、中国（湖北）自由贸易试验区建设等重要战略规划的实施，以及武汉市科技金融结合试点工作的开展，湖北省科技金融环境建设稳步推进，相关政策体系不断完善，科技金融系统运行效率持续上升，实现了从 2009~2010 年的非 DEA 有效状态到 2011~2013 年的弱 DEA 有效状态，再到 2014~2016 年的 DEA 有效状态的重要突破。

此外，如图 4-1 所示，对比湖北省科技金融系统综合效率、纯技术效率及规模效率的变动规律可知，2006~2016 年，湖北省科技金融系统规模效率相对较高，除 2006 年、2008 年、2009 年及 2010 年外，其余年份规模效率值均达到 1，已实现规模最优；而纯技术效率值相对较低，仅 2014 年、2015 年、2016 年达到有效状态，整体仍处于上升、发展阶段，资源利用效率的提升及资源分配模式的优化对科技金融系统运行效率产生重要影响。综上所述，纯技术效率及规模效率均对综合效率的变动产生一定影响，且作用程度存在一定差异，其中纯技术效率的影响更为显著，对进一步促进湖北省技术进步、提高市场运行管理水平、优化资源配置、提升资源利用效率、推动湖北省科技金融系统技术效率增长具有重要意义。

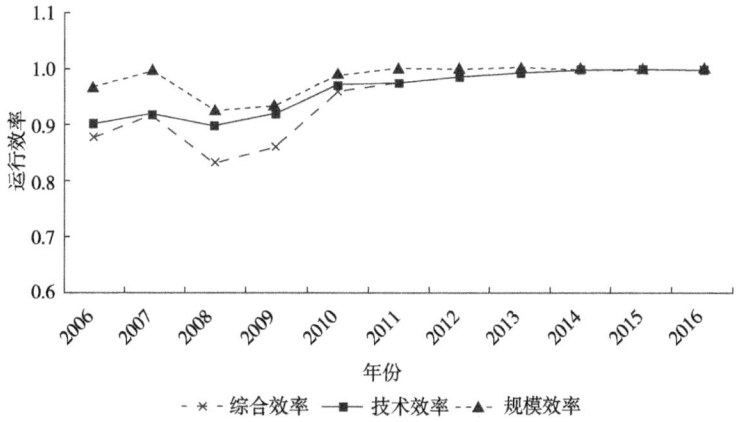

图 4-1 2006~2016 年湖北省科技金融系统运行效率及其分解值的变动规律

二、湖北省科技金融系统运行效率的空间格局差异

对比湖北省与其他省（区、市）的科技金融系统综合效率、纯技术效率及规模效率，进一步探讨湖北省科技金融系统运行效率的发展水平及其与其他地区的比较情况，其结果如表 4-3 所示。

表 4-3 2006~2016 年中国 29 个省（区、市）科技金融系统运行效率及其分解情况

地区	综合效率	纯技术效率	规模效率
北京	1.000	1.000	1.000
天津	0.958	0.958	1.000
河北	0.948	1.000	0.948
山西	0.764	0.857	0.892
内蒙古	0.351	0.530	0.663
辽宁	0.807	0.895	0.902
吉林	0.809	0.912	0.887
黑龙江	0.923	0.927	0.996
上海	1.000	1.000	1.000
江苏	1.000	1.000	1.000
浙江	1.000	1.000	1.000
安徽	0.789	0.872	0.905
福建	0.611	0.769	0.794

续表

地区	综合效率	纯技术效率	规模效率
江西	0.722	0.851	0.848
山东	0.956	1.000	0.956
河南	0.941	1.000	0.941
湖北	0.963	0.963	1.000
湖南	0.957	0.957	1.000
广东	1.000	1.000	1.000
广西	0.714	0.799	0.894
海南	0.437	0.643	0.679
重庆	0.949	1.000	0.949
四川	0.943	0.943	1.000
贵州	0.698	0.794	0.879
云南	0.445	0.699	0.637
陕西	0.935	1.000	0.935
甘肃	0.668	0.760	0.879
青海	0.405	0.669	0.605
宁夏	0.418	0.656	0.637
全国均值	0.797	0.878	0.891

从 29 个省（区、市）的科技金融系统运行效率及其分解值的比较情况来看，如表 4-3 及图 4-2 所示，湖北省作为中国重要的金融与科教发展大省，科技资源与金融资源丰富，创新潜力与创新优势较为显著，其科技金融系统综合效率为 0.963、纯技术效率为 0.963、规模效率为 1.000，科技金融系统规模已实现最优化，但纯技术效率较低，资源利用率与市场运行管理水平有待进一步提升，整体处于弱 DEA 有效状态，科技金融系统运行效率水平相对较高，排名第 6 位，仅落后上海、北京、江苏、浙江、广东等地区，在 29 个省（区、市）中处于上游水平，是中国科技金融系统建设的重要区域。但相比北京市、上海市、广东省等发达地区，湖北省科技金融系统发展仍有一定差距，效率值变动较为剧烈，发展不稳定，增长速度相对较慢，科技金融系统运行效率水平仍有较大提升空间。此外，湖北省科技金融系统运行效率与湖南省、山东省、天津市、四川省等较为接近，应进一步提高湖北省科技金融系统发展速度，扩大差距，保持领先优势，追赶先进地区，积极学习借鉴北京市、上海市等地区的成功经验，有效增强科技金融系统运行效率水平。

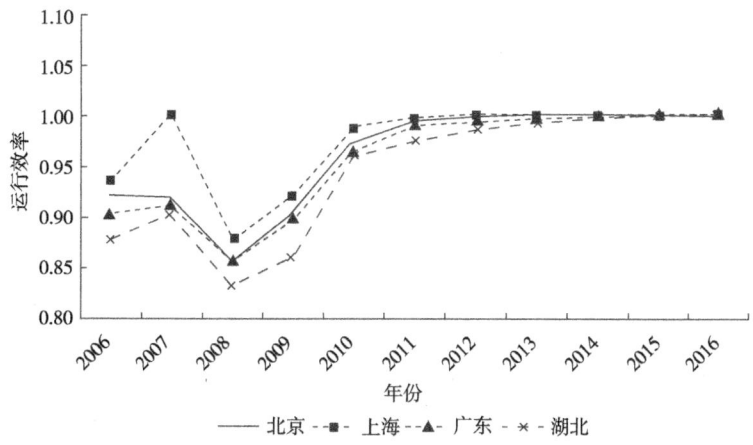

图 4-2 湖北省与部分省（区、市）科技金融系统运行效率对比情况

对比 2006~2010 年及 2011~2016 年两个阶段的中国科技金融系统运行效率点密度分布，我们发现，相比 2006~2010 年，2011~2016 年中国各地区科技金融系统运行效率点密度明显增大，表明 2006~2016 年湖北省及中国其他省（区、市）的科技金融系统运行效率均呈上升趋势，湖北省两个阶段的点密度变动较大，科技金融系统运行效率上升明显，科技金融系统高效发展；从区域分布比较来看，两个阶段的科技金融系统运行效率区域分布情况较为一致，整体科技金融系统运行效率呈由东向西逐步减少趋势，其中，湖北省科技金融系统运行效率较高，与北京市、上海市、江苏省、广东省、浙江省、四川省、湖南省、山东省等一起处于全国上游水平，但与北京市、上海市等发达地区相比仍有一定差距。

三、湖北省科技金融系统运行效率的区域均衡性

在前文基础上，本书进一步测算湖北省科技金融系统运行效率（综合效率）、纯技术效率、规模效率的基尼系数值，深入分析湖北省科技金融系统运行效率的区域差异与均衡发展问题。如表 4-4 所示，2006~2016 年，湖北省科技金融系统运行效率（综合效率）基尼系数值、纯技术效率基尼系数值及规模效率基尼系数值分别为 0.162、0.113、0.147，数值相对较大，与北京市、上海市、广东省等发达地区相比存在较大差距，3 个指标值在 29 个省（区、市）中均属于较高水平，表明湖北省各地区的科技金融系统运行效率（综合效率）、纯技术效率及规模效率存在较大差异，湖北省科技金融系统发展不平衡。

表 4-4 2006~2016 年各省（区、市）科技金融系统运行效率的基尼系数值

地区	综合效率基尼系数	纯技术效率基尼系数	规模效率基尼系数
北京	0.099	0.001	0.099
天津	0.139	0.001	0.139
河北	0.171	0.109	0.198
山西	0.106	0.075	0.106
内蒙古	0.365	0.299	0.162
辽宁	0.178	0.083	0.176
吉林	0.126	0.109	0.138
黑龙江	0.199	0.138	0.135
上海	0.114	0.035	0.111
江苏	0.127	0.001	0.127
浙江	0.135	0.019	0.152
安徽	0.112	0.059	0.129
福建	0.161	0.108	0.142
江西	0.127	0.099	0.144
山东	0.087	0.079	0.119
河南	0.256	0.149	0.178
湖北	0.162	0.113	0.147
湖南	0.152	0.111	0.142
广东	0.073	0.035	0.076
广西	0.249	0.101	0.225
海南	0.062	0.112	0.115
重庆	0.156	0.127	0.180
四川	0.169	0.123	0.138
贵州	0.105	0.094	0.129
云南	0.287	0.203	0.157
陕西	0.176	0.035	0.186
甘肃	0.133	0.084	0.166
青海	0.217	0.155	0.137
宁夏	0.178	0.155	0.219

其原因可能为：由于中国国情及历史、文化、地理等多种因素影响，中国部分省（区、市）存在省会城市"一家独大"现象，湖北省等内陆地区尤其明显。武汉市作为中国重要的交通干线枢纽，区位优势明显，资源条件优越，经济发展迅速，拥有多所全国重点院校与大型知名企业，是中部地区唯一的特大城市。长久以来，湖北省资本、人才、政策等资源大部分向武汉市倾斜，2017年，武汉市地区生产总值为13 410.34亿元，占湖北省地区生产总值的36.7%，贡献巨大，无论在经济、科技、金融等各方面，湖北省其他城市均与武汉市存在较大差距，武汉市"一城独大"现象较为严重，未能充分发挥中心城市的辐射带动作用，随州市、鄂州市等中小城市数量多、综合实力弱，湖北省各市（州）未能形成良好的协调互动。科技企业、高新产业园、孵化器、银行、金融机构、中介服务平台等资源多在武汉地区集聚，湖北省各地区科技金融系统运行效率水平差异较大，解决湖北省区域发展失衡问题刻不容缓。

从湖北省科技金融系统运行效率基尼系数值的变化规律来看，如图4-3所示，2006~2016年，湖北省科技金融系统运行效率基尼系数值变化呈现一定波动，科技金融系统发展尚不稳定。从数值大小来看，2016年，湖北省科技金融系统综合效率基尼系数值为0.146、纯技术效率基尼系数值为0.107、规模效率基尼系数值为0.125，比2006年的基尼系数值分别增加了0.025、0.011、0.013，湖北省科技金融系统运行效率的区域差异进一步扩大；但从2014年、2015年、2016年的变化情况来看，湖北省科技金融系统运行效率基尼系数值呈现出一定的下降趋势，科技金融系统运行效率的区域差异逐渐缩小，湖北省科技金融系统区域发展失衡问题得到一定缓解。其原因可能为：近年来，为解决武汉市"一城独大"现象、保障湖北省均衡发展，省、市（州）各级政府出台相应政策，在保持武汉市"主中心"地位的同时，大力扶持宜昌市、襄阳市建设区域性中心城市，积极推动荆州市、黄冈市、十堰市等加快发展，合理部署湖北省发展空间战略格局。

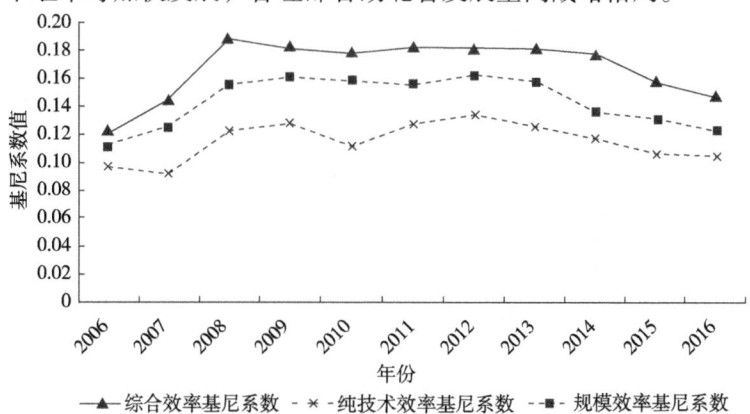

图4-3 2006~2016年湖北省科技金融系统运行效率基尼系数值

目前，湖北省"一主两副多极"战略规划逐渐发挥效应，襄阳市、宜昌市两个副中心城市竞相发力，经济总量不断增加，全国城市排名大大提升，湖北省各市（州）实力差距逐渐缩小。随着各地区经济水平的提升，科技金融资源不断集聚，宜昌市、襄阳市、荆州市等地区科技金融系统建设取得一定突破；2016年，宜昌市创业风投机构增加至22家，银行向科技企业发放贷款875笔，年融资额达200亿元；襄阳市成立了汉江科技金融服务中心，为科技企业提供创投风投、质押贷款等一系列专业服务；荆州市成立了高金创投基金，积极参与"新兴产业创投计划"，加快推进与湖北省天使基金、汉口银行等深入合作，扶持科技企业发展。因此，尽管湖北省科技金融系统运行效率基尼系数值相比2006年进一步上升，但在2014~2016年表现出一定的下降趋势，湖北省各地区科技金融系统运行效率差异逐渐减小，科技金融系统区域发展失衡问题得到缓解。

第四节 科技金融系统运行效率的影响因素

一、关键影响因素的选取

科技金融系统是科技资源与金融资源、科技行业与金融行业、科技市场与金融市场的有机结合，其效率水平的高低受到科技行业、政府部门、金融行业等相关领域的影响。因此，本书围绕科技、金融、政府三个层面选取相应指标对湖北省科技金融系统运行效率的影响因素进行分析（表4-5）。

表4-5 湖北省科技金融系统运行效率的影响因素体系

变量类别	影响因素	研究指标	符号
自变量	政府扶持力度	财政科技投入所占比例	A
	金融业成熟度	金融机构贷款与存款比值	B
	金融业发展规模	金融业从业人员数量	C
	科技发展规模	R&D人员全时当量	D
	科技投入力度	R&D经费投入强度	E
因变量	科技金融系统运行效率	科技金融系统运行效率	T

（一）政府扶持力度

政府部门作为科技金融系统重要的组成部分，通过财政补贴、政策引导、制度规范等方式，能充分发挥其宏观调控与财政补贴功能，有效完善和健全科技金融市场，扶持科技企业孵化与高新技术产业发展，加快推进科技金融系统建设进程。

本书主要以财政科技投入所占比例为研究指标，探讨政府扶持力度因素对科技金融系统运行的作用机制。

（二）金融市场发展水平

金融机构是科技金融系统中主要的资本供给者，其市场发展情况与科技金融系统运行效率水平息息相关。金融市场发展水平主要包括金融业发展规模和金融业成熟度两个方面，不断扩大的金融业发展规模反映了金融市场的快速发展，为科技企业融资提供有力支持；金融业成熟度则反映了金融行业的发展质量，成熟且健全的金融市场，为科技企业发展提供有效的融资渠道与完善的金融服务，进一步推动科技产业建设，从而提高科技金融系统运行效率。

本书主要选取金融业从业人员数量及金融机构贷款与存款比值两项指标，分析"金融"因素对科技金融系统运行效率的影响情况。其中，金融业从业人员数量指标从人才智力资源的角度衡量金融业发展规模，而金融机构贷款与存款比值指标代表了金融机构资金的利用情况，衡量金融市场运行效率，在一定程度上反映了金融业成熟度。

（三）科技进步水平

科技投入力度与科技发展规模反映了技术市场发展的"数量"与"质量"，科技投入力度越强、科技发展规模越大，则技术市场发展越成熟，科技水平越高，能有效推动金融行业的信息化、数字化与智能化发展，进一步创新金融产品，提高金融业运行效率与经济效益，促进科技与金融的融合发展。

本书选取 R&D（research and development，研究与开发）经费投入强度及 R&D 人员全时当量两项指标为代表，围绕"人力""资本"两个基本要素探讨"科技"因素对科技金融系统运行的影响情况。其中，R&D 经费投入强度指 R&D 经费支出占地区生产总值的比重，反映国家或地区对科技的投入力度与努力程度，R&D

人员全时当量则从人力资本的角度反映科技发展规模。

二、实证结果分析

(一)描述性统计分析

以科技金融系统运行效率为因变量,以财政科技投入所占比例(A)、金融机构贷款与存款比值(B)、金融业从业人员数量(C)、R&D 人员全时当量(D)及 R&D 经费投入强度(E)5 项指标为自变量,根据《湖北省统计年鉴》《中国统计年鉴》《中国金融数据库》等收集并整理相关指标数据,通过 Tobit 回归模型对湖北省 2006~2016 年的科技金融系统运行效率影响因素进行分析。利用 Stata 软件对指标数据进行计算,得到各变量相关性分析结果及描述性统计分析结果如表 4-6 和表 4-7 所示。

表 4-6 变量相关性分析结果

变量	A	B	C	D	E
A	1				
B	−0.135	1			
C	0.202	−0.196	1		
D	0.588	−0.333	0.686	1	
E	0.605	−0.314	0.271	0.594	1

表 4-7 描述性统计分析结果

变量	标准差	最小值	四分之一位数	均值	中位数	四分之三位数	最大值	变异系数
A	0.33	−2.78	−2.10	−1.93	−1.94	−1.72	−1.14	−0.17
B	0.07	−0.34	−0.19	−0.14	−0.14	−0.10	0.04	−0.46
C	0.50	3.54	4.42	4.79	4.87	5.16	5.73	0.10
D	0.51	3.08	4.41	4.68	4.71	5.01	5.72	0.11
E	0.27	−0.76	−0.13	0.05	0.03	0.22	0.78	5.21

如表 4-6 和表 4-7 所示,Tobit 回归模型自变量相关系数相对较低,无多重共线性,5 项自变量指标均保留,各变量标准差分别为 0.33、0.07、0.50、0.51 及 0.27,均通过检验,该模型指标样本数据表现良好,可通过 Tobit 回归模型进行分析。

（二）影响效应分析

根据描述性统计分析结果（表 4-7）与变量相关性分析结果（表 4-6），模型指标数据满足 Tobit 回归分析检验条件，可运用 Tobit 回归模型进行测算。其回归分析结果如表 4-8 所示。

表 4-8　湖北省科技金融系统运行效率影响因素 Tobit 回归结果

变量指标	面板 Tobit 混合效应模型	面板 Tobit 固定效应模型	面板 Tobit 随机效应模型
A	-0.033 8 （0.028 4）	0.114 0** （0.042 8）	0.027 2 （0.023 7）
B	-0.283 0*** （0.109 0）	0.492 0*** （0.158 0）	-0.065 4 （0.060 3）
C	-0.057 6** （-0.024 2）	0.048 0* （0.027 9）	0.020 1 （0.014 0）
D	-0.009 5 （0.038 3）	-0.116 0 （0.073 8）	-0.052 2** （0.021 8）
E	0.005 6 （0.053 6）	0.327 0*** （0.106 0）	0.048 7* （0.028 6）
常数	0.017 6 （0.130 0）	0.751 0* （0.389 0）	0.266 0*** （0.089 5）
豪斯曼检验		χ^2=42.15	p=0.202 7

*、**、***分别表示在 10%、5%、1%的水平上显著

根据豪斯曼检验结果，面板 Tobit 固定效应模型回归效果优于面板 Tobit 随机效应模型，故以面板 Tobit 固定效应模型评价结果为依据，对湖北省科技金融系统运行效率的影响因素进行探讨。

第一，政府扶持力度（财政科技投入所占比例）在 5%的水平上显著，其指标系数为 0.114 0>0，表明政府扶持力度与科技金融系统运行效率间存在显著的正相关关系，每增加 1 单位财政科技投入所占比例，则湖北省科技金融系统运行效率增加 0.114 0。政府作为行业发展的重要推动者与管理者，通过财政拨款、成立引导基金、贷款补贴等方式扶持科技企业成长成熟，解决科技型中小企业、初创企业的融资难题，政府扶持力度的加大有利于科技金融系统的快速发展。

第二，金融业成熟度（金融机构贷款与存款比值）在 1%的水平上显著，其指标系数为 0.492 0>0，表明金融业成熟度与科技金融系统运行效率间存在显著的正相关关系，每增加 1 单位金融机构贷款与存款比值，则湖北省科技金融系统运行效率增加 0.492 0。金融业成熟度反映金融机构资本的利用效率，有效衡量金融市场的运行情况，金融业成熟度越高，表明金融市场发展越完善，能进一步发挥资金杠杆效应，实现投资结构与资源分配模式的优化，促进科技金融系统运行效率提升。

第三，金融业发展规模（金融业从业人员数量）在 10%的水平上显著，其指标系数为 0.048 0>0，表明金融业发展规模与科技金融系统运行效率间存在显著的正相关关系，每增加 1 单位金融业从业人员数量，则湖北省科技金融系统运行效率增加 0.048 0。随着金融业发展规模的不断扩大，科技金融资源快速集聚，金融市场实现专业化分工，为科技企业提供一系列专业、有效的金融产品与服务，全面满足科技企业的融资需求，进一步推动科技与金融的深度融合，提升科技金融系统运行效率。

第四，科技投入力度（R&D 经费投入强度）在 1%的水平上显著，指标系数为 0.327 0>0，表明科技投入力度与科技金融系统运行效率间存在显著的正相关关系，每增加 1 单位 R&D 经费投入强度，则湖北省科技金融系统运行效率增加 0.327 0。科技投入力度反映区域对科技创新发展的努力程度，科技投入力度的增强能加快实现技术进步与技术创新，有效提高资源利用率水平，促进科技金融系统发展。同时，科技投入力度越大，科研经费投入越多，则科技企业发展越快，融资需求越大，可以进一步活跃科技金融市场，拉动科技金融系统运行效率提升。

第五，科技发展规模（R&D 人员全时当量）指标检验不显著，即 R&D 人员全时当量与科技金融系统运行效率间不存在显著的相关关系。其原因可能为：经过多年发展，湖北省科技人员规模已达到一定规模，并逐渐饱和，R&D 人员数量的增加对科技金融系统运行效率的影响较小；此外，由于湖北省智力资源多集中于武汉地区，其他市（州）科研人员规模较小、质量较差，不利于湖北省科技金融系统的整体发展。因此，进一步提升 R&D 人员专业水平，培养高水平人才队伍，提高高精尖人才比例，推动湖北省人才资源流动，扶持襄阳、宜昌、荆州等地区加快高水平人才引进刻不容缓。

第五节 基本结论及实践启示

一、基本结论

通过对湖北省科技金融系统运行效率时空分异特征与影响因素的实证分析，可以得出以下结论。

第一，从时间变化规律来看，除 2008 年外，湖北省科技金融系统运行效率整体呈上升趋势，经历了由 2006 年的非 DEA 有效状态上升至 2007 年的弱 DEA 有效状态，2008~2010 年的非 DEA 有效状态到 2011~2013 年的弱 DEA 有效状态，再到 2014~2016 年的 DEA 有效状态的发展历程。

第二，从区域比较情况来看，湖北省科技金融系统运行的综合效率与纯技术效率均为 0.963、规模效率为 1.000，在全国排名第 6 位，处于上游水平；但与北京市、上海市、广东省等相比仍有一定差距，且与湖南省、山东省、天津市等差距不大，领先优势不够明显，科技金融系统运行效率有待进一步增强。

第三，从空间均衡性来看，湖北省科技金融系统运行综合效率、纯技术效率、规模效率的基尼系数分别为 0.162、0.113、0.147，在中国 29 个省（区、市）中均属于较高水平，表明湖北省科技金融系统发展不均衡；2006~2013 年湖北省科技金融系统运行效率基尼系数表现出一定波动，基尼系数值上升，区域差异扩大，但 2014~2016 年湖北省科技金融系统运行效率基尼系数值呈下降趋势，科技金融系统发展失衡问题得到一定缓解。

第四，从影响因素来看，政府扶持力度、金融业成熟度、金融业发展规模及科技投入力度 4 项影响因素的系数分别为 0.114 0、0.492 0、0.048 0 及 0.327 0，上述因素与科技金融系统运行效率间存在显著的正相关关系，而科技发展规模则与科技金融系统运行效率间不存在显著的相关关系。

二、主要启示

针对湖北省科技金融系统纯技术效率有待提高、资源利用效率与市场管理水平相对较差、地区差异较大、发展不平衡等问题，湖北省应有效参考北京市、上海市等发达地区的建设经验，结合湖北省科技金融系统特色与发展需求，构建"政府+银行+资本市场+民间资本"多方联动、协同推进的科技金融系统综合运行模式，实现政府统筹规划、市场引导推进、社会辅助补充"三位一体"的综合发展目标。湖北省应紧贴科技企业与金融市场发展实际，围绕政策支撑、机制体制完善、产品服务创新、市场平台建设、人才培养等方面，统筹安排政府有关部门、科技企业、金融机构、行业组织协会、中介服务平台等多方主体的具体职能，按照"优化科技金融投入结构—提升科技金融产出水平—完善科技金融系统要素支撑—促进区域科技金融协调发展"的路线，促进专业化分工与一体化建设，科学规划科技与金融融合发展新思路，构建具有湖北省地区发展特色、符合湖北省科技企业发展与金融体系建设目标与需求的科技金融系统提升路径，进一步推动湖北省科技金融系统的高效、稳定、持续发展。

（一）优化科技金融投入结构

1. 培养专业人才队伍，优化智力资源投入结构

积极把握湖北省科技金融发展新机遇，以扩大市场规模、规范市场秩序、完善市场机制、提高市场效率为目标，进一步加强科技金融人才队伍建设，推动湖北省科技金融系统建设稳定发展。

一方面，建立健全湖北科技金融人才引进体系。制定科学的人才引进优惠政策，积极吸纳国际高端人才。加强与海外知名科技金融培训机构的交流合作，积极输送优质人才前往海外受训，有效推动科技金融人才培养的国际化建设，优化科技金融人才队伍建设环境。同时，构建适宜的科技金融人才奖励制度，有效提升各方参与湖北省科技金融系统建设的主动性与积极性。

另一方面，建立健全湖北省科技金融人才培养体系。利用武汉大学、华中科技大学、中南财经政法大学等高校资源，开设科技金融相关课程，培养科技金融后备人才；强化科技企业金融意识，积极组织员工参与金融知识职业培训；构建健全的政策支撑体系，加快建设专业的科技金融人才培训机构，营造良好的人才培养环境，进一步扩大科技金融专业人才与中介服务人才的就业空间。

着重打造符合湖北省科技金融系统发展需求的复合型人才储备库：一是培养科技金融战略组织型人才，有利于科技金融总体目标、发展规划、工作方案的制定与组织协调；二是培养科技金融实践型人才，有利于科技金融系统日常运行的执行与落实，覆盖产品服务创新、融资对接、风险管理等多个领域，是科技金融建设的中坚力量；三是培养科技金融理论型人才，有利于梳理科技金融发展脉络，归纳总结和提炼分析科技金融系统建设经验，进一步丰富科技金融研究体系框架，为科技金融系统建设提供理论保障。

2. 进一步发挥政府职能，加大政府投入扶持力度

利用政策引导、制度建设、财政支持、组织规范等多种途径，充分发挥政府引导职能，有效实现科技企业、金融机构、资本市场及中介平台的深度融合与协同推进，加快构建高效、稳定、科学的科技金融系统发展模式，有效促进高新技术产业、战略性新兴产业及先导性产业的孵化培育，实现湖北省经济结构与产业布局的转型升级。

一是充分把握中国（湖北）自由贸易试验区建设、武汉城市圈金融改革等重要发展机遇，进一步完善科技金融相关政策体系，规范湖北省科技金融系统秩序，改善湖北省科技金融系统环境，全面发挥政府部门的引导、管理、扶持作用。

二是加强政府扶持力度，积极制定与落实相应优惠政策，精简和优化科技金融相关职能部门的组织结构，围绕创业投资、风险补偿、融资信贷、天使投资等

领域，建立健全相关政策制度与管理办法，加强顶层设计。根据湖北省的发展实际，科学制定科技金融重点帮扶目录，着重解决关键领域、核心技术、重点企业的融资问题。

三是创新财政投入机制，加大财政投入力度，扩大财政投入范围，设立科技金融专项基金、种子基金、投资引导基金等，积极引导社会资本进入科技金融领域，鼓励和扶持有条件的商业银行成立专门的"科技支行"，满足各阶段科技企业的融资需求。

四是建立健全湖北省科技金融监管体系及绩效考核评价机制，加快推进科技金融全流程监管体系的完善与实施，科学构建评价指标体系，定期开展科技金融绩效考核评价工作，并根据考核结果对湖北省科技金融系统的日常运行实行动态管理，实时调整优化科技金融政策体系与发展方案，进一步提升其效率水平。

（二）提升科技金融产出水平

从创新科技金融产品服务、发展互联网金融等方面着手，有效提高湖北省科技金融资源利用效率与市场管理水平，进一步提升湖北省科技金融产出水平，避免和减少资源浪费、管理不当、市场不完善等现象的产生。

1. 加快推进科技金融产品服务创新

积极推进科技金融发展各阶段、各环节技术的升级更新，围绕融资信贷、科技保险、融资租赁、科技担保、创业风险投资等领域，全面改良创新科技金融产品及服务，充分挖掘湖北省科技金融资源，有效撬动社会资本支持科技创新，实现科技金融产品服务的个性化、定制化和精细化发展，实现科技金融产品创新兼顾针对性与大众性、统筹长期利益和短期利益，全面提升湖北省科技金融系统的技术水平与服务水平。

一是积极推动投贷联动、银保联动等模式改革创新，解决科技型中小微企业、初创企业的融资难题；二是大力研发小微企业小额贷款保证险、信用保险、贷款担保责任险、知识产权质押融资险等新型保险产品，有效扩大科技保险产品种类与服务范围，构建覆盖湖北省的风险分担与补偿机制；三是积极发展抵押贷款业务，进一步完善和规范知识产权市场，创新知识产权质押、股权质押等产品服务。

2. 加快发展互联网金融

大力发展"互联网+金融"领域的创新型机构，利用大数据、云计算等新一代网络信息技术，促进互联网与金融资源的有机结合，推动信息网络技术在证券、信贷、保险、基金等领域的应用，健全互联网金融市场准入和退出机制，加强风险防控管理，积极推动网络信贷、移动支付、电商金融、网络众筹等领域发展，创新互联网金融服务模式,鼓励互联网企业参与金融机构建设与金融产品创新。

(三)完善科技金融系统要素支撑

一是进一步完善科技金融路演中心建设。加快落实科学技术部火炬中心针对科技企业培育成长的扶持政策,深入推进武汉科技金融路演中心建设,定期开展科技企业项目路演及专家讲座、科技沙龙、创新创业大赛、科技金融论坛等相关活动,实现融资对接、企业成果展示、产品推介、重大事件实况报道等多种功能,利用"现场路演+网络直播"模式,有效接轨全国科技金融服务市场,实现平台资源共享,推动科技金融系统建设在湖北省的在地化、常态化、大众化发展。

二是加快建设集信息查询、资料存储、政策发布、信息调研、远程交流等多个功能于一体的科技金融信息综合管理平台,完善信息智能引导、智能筛选与智能处理功能,实现科技金融信息的快速匹配与精准推送,构建畅通的信息传递、存储与管理通道,解决供需双方信息不对称问题。大力研发应用大数据、云计算、人工智能等新一代网络信息技术,实现历史交易信息的智能检索与自动分析功能,利用信息综合管理平台,创建湖北省科技金融网络"数据库"与电子"档案馆",为湖北省科技金融系统建设打造先进的数字化、一体化、专业化信息管理平台体系。

三是积极创建科技企业孵化基地。根据湖北省高新技术产业及新三板发展实际,结合科技企业孵化需求,合理参考中关村示范区做法,积极尝试科技金融"孵化器"模式。以武汉东湖新技术开发区为基础,开展湖北省科技金融"孵化器"试点工作,有效搭建湖北省科技企业孵化基地。加大政府政策优惠与财政资金支持力度,积极鼓励和引导银行、保险公司、创投风投公司、信托基金等相关金融机构及中介服务机构参与孵化器建设,围绕企业并购重组、孵化培育、上市挂牌等需求,构建科学的协调合作、激励约束、利益分配及融资信贷机制,加强龙头企业与技术骨干企业的催生培育,推动科技企业孵化的长期稳定循环,实现其企业孵化、产业建设、市场培育与辐射周边的重要作用。

四是推动知识产权服务机构、培训机构、资产评估机构等相关科技金融服务机构创新发展。重点推进科技成果评估与知识产权交易机构建设,联合湖北省科学技术厅、湖北省人民政府金融办公室及武汉大学等高校,构建口径合理、操作可行、科学客观的科技成果评价指标体系,建立健全科技成果评价机构及评审专家资格考核认定制度,严格把关评审专家准入和退出机制,以及湖北省专家库建设;利用知识产权服务平台,进一步畅通知识产权流转通道,规范科技成果评价与知识产权交易的主体行为与市场秩序,优化和完善知识产权注册登记、委托管理、交易流转等环节；积极引导信用担保保险公司、风险评估与管理机构等联合共建知识产权投融资风险管理与防范补偿机制；深入推进知识产权服务机构与金融机构交流协作，积极开展武汉、黄石、宜昌、襄阳、荆州等地的知识产权证券化试点工作，进一步促进知识产权质押融资产品服务创新，有效研发和推广知识产权债券、知识产权信托产品、专利许可收益权质押融资等新产品。同时，以武汉东湖新技术开发区、武汉城市圈等为辐射点，进一步加强科技、人才与金融资源集聚，积极构筑服务湖北省、立足中部地区、展望全国的科技金融服务中心。

（四）促进区域科技金融协调发展

紧抓武汉城市圈科技金融改革示范区和中国（湖北）自由贸易试验区建设等重要机遇，带动湖北省科技金融系统建设。在着力争取将武汉建设成为全国知名科技金融中心的基础上，大力扶持宜昌、襄阳等副中心城市及荆州、黄石、黄冈、孝感等发展较快城市的科技金融系统建设，提高随州、潜江、仙桃、天门等欠发达城市的科技金融系统运行效率，有效保障湖北省科技金融系统均衡发展。

一是积极完善和落实湖北省科学技术厅在中国（湖北）自由贸易试验区武汉、宜昌、襄阳三大片区分别建设科技金融服务中心的发展计划，充分整合武汉、宜昌、襄阳三大片区的科技金融资源，利用政府优惠政策与财政拨款，积极引导商业银行、保险公司、担保机构、创投风投机构、证券公司、信贷公司等龙头金融机构在武汉、宜昌、襄阳设立分部，大力推动咨询培训机构、信用评级机构、技术成果评价机构等中介服务平台及会计师事务所、律师事务所、税务师事务所等配套机构加速建设，合理划分科技金融功能服务区，形成涵盖中介、融资对接、产品创新等领域的一站式多功能服务平台，进一步发挥自由贸易试验区科技金融服务中心的示范引领作用，为湖北省科技型中小企业及高新技术产业发展提供专业化、个性化、系统化的金融服务，推动自由贸易试验区科技金融服务中心成为立足湖北省、辐射周边、面向中部地区的科技金融高端服务平台。

二是大力推动武汉城市圈科技金融一体化建设，围绕融资信贷、创业投资、电子支付、科技保险、信息管理等领域，实现政策制度的统一设计、资源市场的统一开发及平台机构的统一建设，全面提升武汉城市圈内各城市科技金融系统运行效率水平，促进湖北省内部科技金融系统的均衡、公平发展。完善区域性电子支付管理办法，构建覆盖武汉城市圈九城的跨地区、跨行业电子支付平台；加快推进武汉城市圈内各市异地贷款、异地授信、异地融资等机制建设，实现科技金融同城化、一体化管理；积极推动黄石、黄冈等各市（州）内各科技金融分支机构的升级改造与特色发展，提升武汉城市圈整体融资能力与综合服务水平；大力引导保险公司、科技金融专营机构、创投风投企业、担保公司等龙头机构在武汉城市圈建立服务中心（基地），进一步凸显其"金融支点""孵化引擎"作用。

三是积极推动武汉城市圈与长株潭城市群、环鄱阳湖城市群间的深度合作与协同发展，有效贯通和连接长江中游地区不同经济体的科技金融系统建设通道，实现资源互享、优势互补、业务互通、平台互设及人才互动。围绕融资对接、风险管理、信用担保、金融监管等领域，进一步推动三地间的交流协作与法律规范，构建健全的合作机制与完善的政策体系。有效接轨全球科技金融系统建设标准，积极吸纳全球知名金融机构与高精尖人才参与武汉城市圈科技金融改革，深化国际合作、增强建设水平。

第六节　本 章 小 结

本章在分析湖北省科技金融系统发展状况与存在的主要问题的基础上，从资本市场、发明创造、技术转移及成果转化等角度构建科技金融系统运行效率评价指标体系，利用 DEA-BCC 模型及基尼系数分析方法，探讨 2006~2016 年湖北省科技金融系统运行效率的时空演化规律与空间均衡性，并进行横向综合比较分析，同时利用 Tobit 回归模型探讨湖北省科技金融系统运行效率的影响因素。

本章研究的主要结论包括：①从时间变化规律来看，湖北省科技金融系统运行效率整体呈上升趋势；②从区域比较情况来看，湖北省科技金融系统运行效率在全国处于中上游水平，但与北京市、上海市、广东省等地区相比仍有一定差距，且与湖南省、山东省、天津市等地区差距不大，领先优势不明显；③从空间均衡性来看，湖北省科技金融系统发展存在明显的区域不均衡现象；④从影响因素来看，政府扶持力度、金融业成熟度、金融业发展规模及科技投入力度与科技金融系统效率间存在显著的正相关关系，科技发展规模则与科技金融系统效率间不存在显著的相关关系。

第五章　国内外构建科技金融系统的成功经验及启示

为促进科技和金融结合，加快科技成果转化，科学技术部、中国人民银行、中国银行业监督管理委员会、中国证券监督管理委员会、中国保险监督管理委员会于2010年联合开展"促进科技和金融结合试点"工作，印发了《关于印发促进科技和金融结合试点实施方案的通知》（国科发财〔2010〕720号），选择国家高新区、国家自主创新示范区、国家技术创新工程试点省（市）、创新型试点城市等科技金融资源密集的地区先行先试。第一批促进科技和金融结合试点地区包括中关村国家自主创新示范区、天津、上海、江苏、浙江"杭温湖甬"地区、安徽合芜蚌自主创新综合实验区、武汉、长沙高新区、广东"广佛莞"地区、重庆、成都高新区、绵阳、关中—天水经济区（陕西）、大连、青岛、深圳等；第二批试点城市包括郑州、厦门、宁波、济南、南昌、贵阳、银川、包头和沈阳。本章选择北京中关村、上海、广州、武汉和成都高新区作为案例，总结归纳上述试点城市或高新区促进科技与金融结合、构建科技金融系统的成功经验，并介绍美国和日本构建科技金融系统的成功经验。

第一节　科技金融结合试点城市的成功经验

一、北京中关村：增强服务要素集聚能力

如果从1988年国务院批准成立北京市高新技术产业开发试验区算起，经过30多年的发展，北京中关村科技金融服务资源聚集效应逐渐显现，已经成为全国创业投资最活跃的区域。特别是中关村在搭建科技金融服务平台、集聚科技金融机构、完善科技金融服务体系方面探索了许多有益的经验，科技金融机构的集群效

应和辐射能力不断增强。

一是成立专门化科技金融服务平台。1999年12月16日，北京中关村科技担保有限公司（现北京中关村科技融资担保有限公司）正式创立，这是首批国有政策性专业担保机构；2006年，第一家区域性金融服务中心——海淀资本中心成立，同年，企业创业投资引导基金在北京市海淀区成立，这是全国首家由政府主导成立的创业基金，采取市场化运作模式（余婧雯，2018）；2012年，国家发展和改革委员会、科学技术部、中国人民银行等九部委和北京市人民政府联合印发了《关于中关村国家自主创新示范区建设国家科技金融创新中心的意见》(京政发〔2012〕23号），明确提出在中关村示范区建设国家科技金融创新中心。目前，中关村集聚了一批政府投融资平台，如中国技术交易所、中关村发展集团、北京中关村科创业金融服务集团公司等。

二是通过政府引导吸引科技金融机构集聚。一方面，国家对中关村促进科技和金融结合给予了极大的政策支持，如2017年科学技术部印发了《中关村国家自主创新示范区促进科技金融深度融合创新发展支持资金管理办法》(中科园发〔2017〕10号），强调要支持金融机构聚焦服务中关村创新创业主体；另一方面，中关村所在的北京市海淀区人民政府也先后制定了一揽子促进创业风险投资发展的政策文件，建立了天使投资人登记制度，发布了全国首个地方政府并购政策，提出建设以海淀中街为纵轴线，丹棱街为横轴线，北起北四环，南到海淀南路，东至中关村大街，西临苏州街为边界的科技金融一条街。在政府政策引导下，包括IDG资本、君联资本等在内的一大批国内外知名创业风险投资机构集聚中关村，形成了涵盖科技银行、科技保险公司、科技担保公司、资产管理公司、金融租赁公司、信托公司等在内的多元科技金融业态。

总之，北京中关村通过成立一批政府主导的科技金融服务平台，集聚一批市场化的多元科技金融服务机构，增强了为创业企业提供全周期科技金融服务的能力，满足了企业发展不同阶段的差异化融资服务需求。

二、上海："4+1+1"的科技金融服务体系

作为全国金融中心，围绕打造全球科技创新中心的目标，上海重点打造了"4+1+1"的科技金融服务体系，即建设科技信贷、股权投资、资本市场和科技保险四大功能板块，搭建了一个科技金融支撑条件保障平台，建立健全了科技金融保障机制中"股权投资"板块的重要支撑。近年来，上海在平台建设和机制创新

方面探索了一些有益的经验。

2019年,国务院办公厅印发的《国务院办公厅关于推广第二批支持创新相关改革举措的通知》(国办发〔2018〕126号)包括两条上海促进科技与金融相结合的经验。

一是打造区域性的科技创新板。2015年11月20日,上海股权托管交易中心联合政府有关部门发起设立科技创新板,重点支持不同生命周期的科技型和创新型企业,同时建立了与天使投资、创业风险投资、私募股权投资的良性互动机制,鼓励专业投资机构参与业务。截至2018年12月底,上海股权托管交易中心科技创新板挂牌企业总数达223家。上海股权托管交易中心科技创新板的建设运营经验表明,在区域性股权市场推出"科技创新板",提供挂牌展示、托管交易、投融资服务、培训辅导等服务,开拓融资渠道,能够有效缓解科技型中小企业融资难问题。

二是完善银行业科技金融专业化机制。2015年8月,中国银行业监督管理委员会上海监管局出台了《上海银监局关于上海银行业提高专业化经营和风险管理水平进一步支持科技创新的指导意见》(沪银监发〔2015〕146号),指导上海银行业搭建多元化的科技金融服务平台,创造性地提出建立"六专"原则和"新三查"标准两大体系,为全国提供了提高银行服务科技金融能力的重要改革经验。"六专"原则和"新三查"标准形成的经验,即银行完善以专用的风险管理制度和技术手段、专项的激励考核机制和专属的客户信贷"新三查"标准为核心的科技金融风险防控机制,试点银行建立专营的组织架构体系、专业的经营管理团队和专门的管理信息系统。面向科技型企业推出远期共赢利息、知识产权质押等多种专属信贷产品,为轻资产、未盈利科技企业提供有效的金融服务[①]。

三、广州:科技金融精准对接实体经济

为解决科技型中小微企业融资难、融资贵的长期桎梏,广州在推进科技、金融与产业深度融合方面开展了积极的探索。

一是完善顶层设计。深入实施科技金融三大行动计划,即打造具有国际影响力的风投创投中心行动计划、科技信贷行动计划、以新三板挂牌为抓手的多层次资本市场行动计划,在吸引风投机构落户、创新金融产品、链接资本市场等方面

---

① 参见:《国务院办公厅关于推广第二批支持创新相关改革举措的通知》(国办发〔2018〕126号)。

取得积极成效，形成了"政府引导，市场决策"的科技资源配置模式[①]。

二是加强政策引导。2015年，广州市人民政府办公厅下发了《关于促进科技、金融与产业融合发展的实施意见》（穗府办〔2015〕26号），从积极培育和发展创业投资，大力发展科技信贷，积极发展和利用多层次资本市场，构建有利于科技、金融与产业融合发展的科技管理体制，建设科技、金融与产业融合发展的服务体系等方面提出了促进科技、金融与产业融合的重点目标任务。2018年，广州市科技创新委员会印发了《广州市促进科技金融发展行动方案（2018—2020年）》（穗科创字〔2018〕381号），明确指出要"将科技金融与经济结构中实体经济的实际需求相结合，加快建设实体经济、科技创新、现代金融、人力资源协同发展的产业体系"，提出了加快建设具有国际影响力的风投创投中心等重点任务。

三是推进机制创新。2015年，广州设立了全国规模最大的科技型中小企业信贷风险补偿资金池，并探索建立了资金池合作银行的"八个单独"机制：单独的客户准入标准、单独的机构团队、单独的免责考核机制、单独的风险容忍度、单独的科技信贷产品、单独的信贷审批机制、单独的风险拨备政策和单独的业务协同政策，有效提高了合作银行的审批效率，改变了银行审核企业授信的传统方式。

四、武汉：实施科技金融改革创新专项

武汉金融历史悠久，20世纪初期，是仅次于上海的全国金融中心，集聚了一批中外银行、证券公司、典当行等金融机构。

2011年6月，湖北省、武汉市两级政府决定在武汉东湖新技术开发区暨中国光谷打造光谷资本特区，构建科技金融创新体系，支持高新技术产业发展，这是武汉促进科技与金融结合的标志性事件之一。

2015年7月，经国务院同意，《武汉城市圈科技金融改革创新专项方案》（银发〔2015〕225号）获批，这是国家批复的全国第一个科技金融改革创新的专项方案，武汉成为全国首个"科技金融改革创新试验区"，科技金融成为武汉建设区域金融中心突破口。该方案的总体思路是，"以科技金融创新为主线，实现科技资源与金融资源的有效对接，加快形成多元化、多层次、多渠道的科技投融资体系。坚持科技与金融融合发展，推动金融产品和服务方式创新；坚持科学规划科技金融产业，完善金融组织体系和市场体系，提升金融服务水平；坚持改革创新与风

[①] 广州建设科技创新枢纽取得新成效 科技金融推动创新再加速．http://kjj.gz.gov.cn/gkmlpt/content/4/4447/post_4447111.html，2018-06-29．

险防范相统一,优化金融生态环境,加快集聚金融资源,培育高新技术产业,提升金融服务实体经济的能力"。

为深入贯彻落实该方案,2016年,武汉市人民政府印发了《武汉市人民政府关于促进科技金融改革创新工作的实施意见》(武政〔2016〕39号),明确提出要组织编制武汉科技金融改革创新发展专项规划;制定适应科技金融改革创新要求的财税优惠、人才引进政策措施;在武汉东湖新技术开发区先行先试,打造光谷科技金融特区,提供涵盖企业孵化、天使投资、创业风险投资、短中长期贷款、并购基金等全方位融资服务体系;加快推动投贷联动试点,支持试点银行在武汉设立专营机构推进投贷联动业务;建设互联网金融创新实验室,试行"互联网+科技金融"产业基金;打造区域性票据市场,探索建立武汉区域性电子化票据交易平台;成立"城市合伙人"创投联盟;加大金融支持中国(湖北)自由贸易试验区建设力度;等等。

通过完善顶层设计,以系统化思维推进科技金融系统建设,武汉逐步探索出以设立科技金融专营机构、建立科技金融专项机制、推出科技金融专项产品、搭建科技金融信息信用专业平台、出台科技金融直接融资专项措施、构建科技金融专门监管制度"六个专项"为特点的科技金融改革创新模式[①]。

五、成都高新区:构建科技金融生态圈

1990年8月,成都高新区管委会正式成立;1991年,成都高新区获批成为首批国家级高新技术产业开发区。在近30年的发展历程中,成都高新区不断探索金融扶持产业发展的新方式,在金融服务平台建设、创新金融产品和服务、提升产融合作国际化水平、建设产融人才高地等方面不断探索创新,着力构建完善科技金融生态圈。比较有代表性的经验做法包括以下几个方面。

一是建立了"一个风险资金池、一个企业库、一个产品办公室、一个专家评议会"的"四个一"政策性贷款产品融资模式,引导科技支行、科技担保、科技小贷等加大科技信贷产品创新。

二是形成了特色鲜明的"盈创动力科技金融服务模式"。该模式通过政府引导、民间资金参与、市场化运作,构建以"盈创动力科技金融大厦"和"天府之星"为支撑的物理载体和信息载体,搭建以统借统还平台贷款、政策性融资产品、天使投资、创业投资、私募股权投资为核心的债权融资服务、股权融资服务和增值

---

① 武汉市金融工作局. 2017年武汉金融发展报告. http://jrj.wuhan.gov.cn/html/zwgk/jrfzbg/whjrfzbg/201807/t20180710_211576.shtml,2018-08-10.

服务三大服务体系，为中小企业提供全方位"一站式"投融资服务，着力缓解中小企业融资难、融资贵问题[①]。

三是创新知识产权质押及标准增信融资模式。成都高新区探索形成"政府担保基金+服务机构（担保）+银行+评估""担保+银行+评估"两种知识产权质押融资模式，建立"增信+补偿"知识产权债权融资创新机制，建立"企业库+风险分担资金池+管理办公室+项目专家评议会"的四层风险缓释机制，搭建"科创通"创新创业服务平台，组织银行、担保公司、保险公司、中介服务机构等开展"知识产权投融资园区行"系列宣传活动[②]，有力地促进知识产权与金融有机融合发展。

第二节 国外构建科技金融系统的成功经验

一、美国：打造市场化的风险投资体系

风险投资起源于 20 世纪 40 年代的美国，无论是风险投资公司的数量还是风险投资成交额，目前美国都拥有全球领先地位。包含天使投资、创业投资、私募股权投资在内的立体化的风险投资体系是美国经济活力的风向标，"硅谷奇迹"的出现很大程度上得益于风险投资。美国风险投资的资本主要来源于私人投资者、退休金和保险公司，主要投向新兴的计算机、电子通信、生物医药、人工智能等高科技领域，相较于欧洲和日本，美国风险投资更倾向于投资初创期和成长期企业，风险偏好更高。根据美国风险投资协会（National Venture Capital Association）公布的行业报告，2018 年美国共完成 8 948 笔风险投资交易，成交额超过 1 309 亿美元，打破了 2000 年以来的最高成交纪录。美国构建风险投资体系的主要经验可以简单概括为以下几个方面。

（一）形成了一套成型的政府支持创业和风险投资的模式

一方面，美国小企业管理局（Small Businesses Administration，SBA）扮演了

---

① 国务院确定13项支持改革创新经验 成都高新自贸试验区盈创动力模式获全国推广．http://sc.people.com.cn/n2/2017/0921/c345167-30761363.html，2017-09-21．

② 国务院确定13项推广改革举措 5项是成都经验．http://www.chengdu.gov.cn/chengdu/home/2017-09-27/content_a6460a1b5ac44f8f8809bd43cb2636b2.shtml，2017-09-27．

重要角色。SBA 创建于 1953 年，是美国联邦政府的一个独立机构，成立的目的是保护中小企业关注的利益，实施的主要工作项目包括：SBA 农村信贷计划、退伍军人小型商业周刊、减少不必要的监管负担、小企业星期六、点燃之旅、全国小商业周刊、SBA 新兴领袖计划等，同时为有创业意愿的个人提供市场研究和竞争分析、撰写商业计划书、财务管理、法律法规、购买资产和设备、市场营销与销售、出口产品等全方位的指导和服务。美国早期的风险投资机构组织形式——小型企业投资公司就由 SBA 负责核发，SBA 成为联系小企业和风险投资的重要纽带。

另一方面，美国建立了较为完善的风险投资法律和政策体系。《有限合伙法》《有限责任法》《中小企业法》《中小企业投资法》《雇员退休收入保障法》等从税收优惠、补贴、信用担保、知识产权保护、信息服务、政府采购等方面为风险投资提供有力的政策扶持。

（二）以有限合伙制为主要形式的风险投资机构组织形式

私人风险投资公司包括公司制和合伙制两类，前者由专业基金经营机构发起（表 5-1）。美国主要的风险投资公司是合伙制，包括有限合伙制和普通合伙制，其中，有限合伙制是最主要的组织形式。有限合伙制下风险投资专家和投资者分别担任一般合伙人和有限合伙人的角色，分别承担无限责任和有限责任，由风险投资专家全面负责管理。有限合伙人对一般合伙人的激励约束，有助于促进双方财务目标趋同，有效解决委托代理问题，也因此成为 80%以上的美国风险投资公司选择的主要组织形式。

表 5-1 美国私人风险投资公司组织形式比较

形式	对运作成本的影响		对代理成本的影响	
	税负成本	日常开销	约束机制	激励机制
有限合伙制	税负透明	以固定管理费形式有效限制日常开销	风险投资专家承担无限责任；投资者承担有限责任；投资者可以通过约定保留一定的权力对风险投资专家进行监督；可以通过约定基金的存续期限、分期交纳投资资金、强制分配利润政策等方式降低风险；风险投资专家不受干涉，灵活自主地进行经营活动	风险投资专家一般可分享高达20%的基金盈利
公司制	对从风险企业取得的利润缴纳所得税及其他税种	一般不能有效限制日常开销	风险投资专家负有善意管理义务，承担过错责任；投资者作为股东对风险投资专家进行监督，权力较大，但同时对风险投资专家的独立性构成了威胁，一定程度上对基金的经营与效益等产生影响	风险投资专家可以参与利润分配或分得公司股份，但限制较大

资料来源：李晓琪（2008）

(三)相对健全和多元的风险投资退出机制

美国已经形成了较为多元的风险投资退出路径,包括 IPO 退出、并购退出、股票回购退出、破产清算退出等,四种方式兼而有之,只是主要退出路径在不同的时间阶段有所不同(表 5-2)。比较而言,IPO 退出较为常见,特别是纳斯达克为风险资本高价退出提供了有效的路径,既减少了风险,又提高了投资者的积极性。而近两年并购退出方式(包括出售、杠杆收购和管理者收购等方式)正迅速上升为美国风险投资主要的退出途径(马宇,2018),且并购方式逐渐由单一化走向多元化——包括横向并购、纵向并购、混合并购、杠杆并购和战略并购等。

表 5-2 美国风险投资退出路径

退出路径	所占比例	平均利润率
IPO 退出	30%	第一期为 22.5 倍
		第二期为 10 倍
		第三期为 3.7 倍
并购退出	32%	相当于公开上市的 1/5
股票回购退出	6%	
破产清算退出	32%	一般收回原投资的 64%

资料来源:王玉春(2005)

(四)"科技银行+风险投资机构+科技保险机构"的多样化科技金融机构

除了大力发展风险投资,建设多层次资本市场,美国特别重视科技银行对提升企业技术创新能力的作用,并促进科技银行的业务延伸及与其他金融机构的互补性发展。例如,1983 年,作为科技银行代名词的美国硅谷银行成立,主要为科技企业提供不同于传统商业贷款的债权融资。作为股权融资的有效资金补充,硅谷银行提供的债权融资能够延长融资周期、减少股权稀释,而活跃的创业投资市场和优秀的创业投资家控制了硅谷银行发展的潜在业务风险,提供了创业风险贷款业务,二者能够形成相互协作的关系。

就商业模式而言,硅谷银行与硅谷金融集团的其他各个部门之间相互配合与联系,按照特点专门配置团队和产品。硅谷银行根据直接投资的形式分享股权增值收益,包括向风险投资基金或授信的科技企业收取部分股权或认股权等方式,提高传统贷款业务的综合收益,维持硅谷银行业务的可持续开展,具体投资模式如图 5-1 所示。

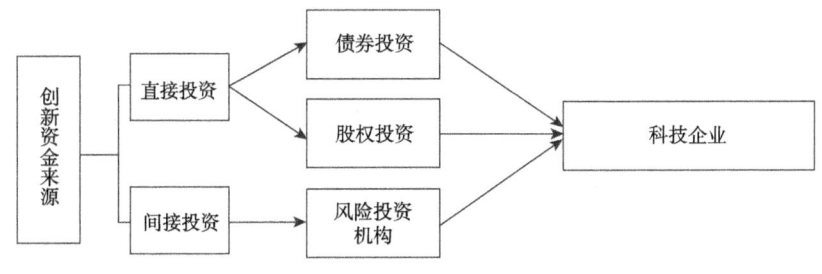

图 5-1 硅谷银行投资模式

资料来源：李琳璐（2014）

2005 年，硅谷银行在上海开设了第一家分支机构盛维商务顾问（上海）有限公司；2010 年，SVB[①]硅谷商务顾问（北京）有限公司成立；2011 年，硅谷银行与上海浦东发展银行共同合资建立了浦发硅谷银行，主要对中国境内的科技企业和风险投资者提供客户服务和咨询服务[②]。

二、日本：充分发挥政府政策引导作用

日本是除美国以外风险资本投资成就最显著的发达国家之一，诞生了软件银行集团等国际知名的风险投资机构。为了支持中小微企业发展，促进科技与金融结合，日本政府采取了一系列资金优惠政策，如《中小企业创造法》《中小企业投资实业有限责任合伙合同法》《产业活力再生特别措施法》《中小企业挑战支援法》《产业竞争力强化法》等，通过补助金、项目委托、政策性融资、信用担保、项目出资、税收等方式支持风险投资。

以对信用担保的政策引导和支持为例。为建立、完善信用担保机制，1950 年之后，日本政府相继出台《中小企业信用保险法》《信用保证协会法》等法律，又先后设立一系列包括信用保证协会、中小企业信用保险公库、中小企业综合事业团、特别公司债保险、非营利性基金组织等在内的信用担保政策性机构，用法律手段对机构职责进行规范，对专门对象进行重点关注。早在 1975 年，日本通产省就设立了风险投资公司，为风险企业贷款提供 80% 担保。

在机制设计方面，中央与地方、担保与再担保、民间资本与政府财政相结合的信用担保机制设计有效保障了信用担保活动的开展。中小企业只需缴纳小额的

---

① SVB：Silicon Valley Bank，硅谷银行。
② 参见：https://www.svb.com/.

保证费，即可享受中小企业信用保险公库与其他 52 家信用保证协会提供的来自地方和中央的双重担保政策，信用保证协会为地方无力偿还债务的企业偿还债务后，可以得到来自中小企业信用保险公库 70%~80%的补偿，大大降低了区域担保的风险，调动了担保机构进行担保的积极性，缓解了中小科技企业的融资难问题。

在制度创新方面，2007 年，日本开始实施"金融机构责任共担制度"，即银行等金融机构自身也需要承担企业失信带来的部分损失，这在很大程度上可以缓解信息不对称可能带来的道德风险问题，从而在面对企业贷款时，激励贷款机构进行更为仔细的检验和专业的判断，提高资金配置的效率，提供更为高效的科技支持活动。

另外，为应对 2008 年全球经济危机，日本又紧急建立了紧急保证制度，为受到宏观经济冲击、资金周转出现困难的企业提供全额担保，保证技术创新的资金来源，稳定企业日常活动的正常开展。

依靠政府信誉，日本建立起以政府资金为基础，以信用保证保险制度、融资基金制度和损失补偿金补助制度为支撑的有效的中央与地方共担、担保与保险结合的信用保证体系，确保了中小企业资金来源的稳定性和多样性。

第三节　主要启示

北京中关村上海、广州、武汉、成都高新区等国内科技金融结合试点城市和地区，以及美国、日本等发达国家构建科技金融系统的成功经验蕴含的实践启示主要包括以下几方面。

一、构建科技金融系统要完善顶层设计

作为一项复杂的系统工程，促进科技与金融的结合涉及多个维度、多个领域、多个层次，同时也涉及多个政府职能管理部门，科技金融系统结构的搭建、功能的发挥、工作职能的协调、政策工具的优化等都需要建立在完善的顶层设计基础上。因此，研究制定中长期的科技金融发展规划，明确各个阶段的发展目标和重点任务，确定科技金融各个组成部分的权责和义务十分必要。

二、构建科技金融系统要集聚要素资源

一定数量规模的银行金融机构、非银行金融机构及科技金融中介服务机构是构建科技金融系统的基础,没有这些机构的集聚和服务,就无法构成最基础的支撑要素。因此,地方政府需要通过政策引导、物理空间匹配等方式吸引科技金融机构集聚,进而发挥其集聚集群效应和辐射带动作用。

三、构建科技金融系统要强化公共政策引导

不论是美国、日本等发达国家,还是国内的科技金融结合试点城市或地区,在构建科技金融系统的过程中,都研究制定了一系列的科技金融支持政策,通过命令控制型、经济激烈型等多种政策工具的配合及不断建立健全相关的法律法规,从多方面引导科技金融系统走向正轨。

四、构建科技金融系统要推进体制机制创新

随着科技创新和金融创新进程不断加快,科技金融产品和服务模式发生了很大改变,科技金融系统的运行模式和机制也在发生改变,这就需要推进体制机制创新,拓宽适合科技创新发展规律的多元化融资渠道,探索构建符合科技创新特点的金融产品和服务,加快建立健全促进科技创新的信用增进机制,创新政策协调和组织实施机制等。

第四节 本章小结

经过 10 余年的科技结合试点，各试点省、市（高新区）在促进科技与金融结合、构建完善科技金融系统方面积累了有益的成功经验，包括北京中关村通过政策引导集聚要素资源，上海打造"4+1+1"的科技金融业务体系，广州致力于构建有利于科技、金融与产业融合发展的科技管理体制，武汉通过完善顶层设计实施科技金融改革创新专项，成都高新区在金融服务平台建设、创新金融产品和服务、提升产融合作国际化水平、建设产融人才高地等方面不断探索创新，着力构建完善科技金融生态圈等，这些经验具有一定的可复制性和可推广性。而美国和日本的成功经验也表明，"市场主导+政府引导"是构建、完善科技金融系统的可行模式。

这些经验蕴含的启示主要在于：构建科技金融系统需要完善顶层设计、集聚要素资源、强化公共政策引导和推进体制机制创新。

第六章 优化科技金融系统的实践路径与措施建议

建立完善科技金融系统，推进科技金融健康高效发展，是促使科技创新与现代金融有机结合的有力抓手，是推动产业转型升级和经济高质量发展的重要支撑。但整体上，我国科技金融发展还存在产品创新不够、中介服务体系不完善、市场活跃度不高、政策支持体系不健全等问题，需要进一步加强顶层设计、强化要素支撑、推进产品创新、提高服务水平、健全运行机制、创新政策工具。本章将结合科技金融系统的基础理论和基本特征事实分析，从上述维度提出优化科技金融系统的实践路径和政策措施建议。

第一节 加强科技金融顶层设计和统筹协调

一、完善科技金融系统顶层设计

科技金融系统包含多个要素，并由多个子系统构成，其具体业务领域又涉及多个政府职能管理部门。同时，现阶段科技金融和金融科技的加速创新带来了许多新的问题和挑战，需要以完善顶层设计作为统领，加快建设科技金融系统的"四梁八柱"，完善科技金融生态环境，以总体规划为基础，研究制定配套的专项规划、指导意见、管理办法或实施方案。

建议从国家层面，由有关部委和金融监管部门联合研究制定科技金融中长期总体发展规划。总体规划的基本原则应以充分发挥市场配置科技金融资源作用，同时以更好地发展政府引导作用为基本原则，规划重点内容应涉及股权投资、资本市场、科技保险、科技信贷、财政科技投入、政府引导基金、科技金融服务平台等方面，注意科技金融不同领域的业务交叉、融合与渗透，并在科技金融政策配套、科技金融风险控制和监管体系建设方面提出相应的发展目标和重点任务，同时也应给地方一定的实践和政策创新空间。各省（区、市）也应着手研究制定相应的科技金融总体发展规划，或者结合地方科技金融发展的基础条件研究制定专项发展规划。

二、推进区域科技金融协调发展

基于科技金融系统运行效率的评价结果，推进区域科技金融协调发展。

一是对于北京、上海、广东、江苏、浙江等 DEA 有效地区，应以提升科技金融国际竞争力为重点，在保持国内领先优势的同时，积极学习国外发达地区科技金融系统建设先进经验，加强海外交流合作，加大政府招商引资力度，大力引进海外知名金融机构与科技企业入驻，在北京和上海地区积极打造具有国际视野与国际水平的科技金融全球服务中心，加强中国科技金融竞争实力，抢占国际竞争高地。此外，进一步发挥上述发达地区的辐射引导作用，加强省域间交流协作，带动全国科技金融发展。

二是对于天津、湖北、湖南、重庆、陕西等规模效率较低的省（市），应以扩大科技金融投入规模为重点，积极推进财政科技投入体制机制改革，创新发展股权质押融资、仓单质押融资、互联网金融、天使投资、创业风险投资等直接融资形式。

三是对于河北、山东、河南、四川等纯技术效率较低的省，重点是加大创新要素投入与创新资源整合，解决"投入冗余、产出不足"的主要矛盾，通过大力引进高层次科技金融人才和创新创业人才，推动科技金融产品和服务的技术与管理创新，进一步提高科技成果转移转化效率、科技进步贡献率及资源利用效率等，从而有效促进纯技术效率提升。

四是对于广西、江西、贵州、甘肃等非 DEA 有效地区，应重点建立良好的科技金融生态环境，围绕科技创新创业链优化科技金融布局，增强科技金融创新动能。

五是针对区域发展失衡问题，应根据不同地区的发展程度与区域特色，完善科技金融政策支撑体系，合理制订专业化、个性化、专属化的科技金融系统建设方案，促进全国各地区科技金融的均衡发展。

三、建立完善科技金融联动机制

一方面,以提高科技金融产品服务质量、完善科技金融生态系统、防范科技金融风险为合作目标和立足点,推进银行金融机构、股权投资机构、保险机构、政府引导基金管理机构建立完善机构间的交流合作机制。

另一方面,完善科技金融区域联动机制。一是建立完善科技金融系统运行效率较高地区和较低地区的联动机制。完善区域科技金融资源配置方式,有效降低科技金融要素资源流动壁垒,在科技金融相对落后地区推行先进地区的成功经验或运作模式。二是打造跨区域的科技金融公共服务平台。为避免各地方重复搭建科技金融公共服务平台造成资源浪费,应鼓励建立线上的省级科技金融公共服务平台,要求省以下各市、县科技金融产品、服务和信息资源在省级平台汇聚。同时,支持跨省、跨市(县)联合建立科技金融公共服务平台,如建设针对长江经济带重要节点城市、京津冀、粤港澳大湾区、长三角、中四角、成渝地区等跨省城市群科技金融服务平台及省内的城市间科技金融合作平台等,为长江经济带制造业高质量发展和城市群创新体系建设提供有力的科技金融支撑。三是建立健全跨区域的科技金融信息交流机制。包括定期以联席会议制度、报告制度等形式开展跨区域的信息交流,通过跨区域签订科技金融信息资源共享协议、信息资源使用补偿协议等方式,开展实质性的科技金融信息资源共享、开发、交流与合作等。

第二节 健全股权投资体系和资本市场体系

一、构建立体化股权投资体系

着力构建覆盖企业种子期、初创期、成长期和成熟期的股权投资体系。根据《国务院关于促进创业投资持续健康发展的若干意见》(国发〔2016〕53号),一是培育多元股权投资主体,分类推进股权类投资企业发展,鼓励个人、企业、孵化器等从事创业投资活动,推进各类众创空间、创新型服务器与资本结合,形成创业链与资金链的有机衔接。同时,加大宣传和专业培训,转变个人投资观念和习惯，加快培育一批天使投资个人群体。

二是拓宽股权投资资金来源。在法律允许的范围内，支持证券公司、保险公司、信托公司、财务公司等金融机构和大型企业、社保基金、大学基金、企业年金及个人投资者投资创业投资企业或为创业企业提供各种融资服务。

三是建立股权投资资金多元化退出渠道，除了以 IPO 退出方式以外，进一步完善鼓励股权投资以并购重组等方式实现市场化退出的机制。

四是提高国有创业投资企业经营管理效能。建立完善国有企业从事股权投资的容错机制，合理确定利润目标，赋予国有创业投资企业充分的投资决策自主权，优化国有创业投资企业在国有资产评估过程中的估值管理，创新国有创业投资企业薪酬分配制度和股权转让方式。

二、不断完善多层次资本市场

完善多层次资本市场，既是完善科技金融系统的需要，也是抵御系统性金融风险的必然要求。

一是建立完善资本市场相关制度。重点健全新股发行制度、退市制度、并购重组制度、上市公司信息披露制度和投资者适当性制度等；深化新三板分层制度改革，充分发挥其定价功能和融资功能；适时评估科创板注册制的运行效果。

二是建立健全不同层次资本市场的转板机制。设置合理的升板和降板门槛条件，实现不同板块之间的互联互通。根据"升板自愿，降板强制"等原则，赋予企业选择板块自主性，提高转板便捷性。

三是促进区域性股权市场规范健康发展。各地应落实《国务院办公厅关于规范发展区域性股权市场的通知》（国办发〔2017〕11号）的有关要求，明确本地区区域性股权市场的功能定位、监管模式和政策支持，提高专业服务水平和服务中小微企业的能力，充分发挥其普惠金融功能。

四是完善债券市场功能。建立场外、场内分工明确、互联互通的债券市场，吸引更多中小企业进入债券市场；完善债券市场的监管模式、信息披露及惩罚机制。

五是稳步扩大资本市场双向开放。完善合格境外机构投资者（qualified foreign institutional investor，QFII）、人民币合格境外机构投资者（RMB qualified foreign institutional investors，RQFII）制度，适当放宽准入条件，扩大投资范围，鼓励从事长期投资的机构投资者参与中国市场发展；稳步推进证券期货业开放，加强跨境证券监管合作；推进资本市场服务"一带一路"建设①。

六是加强资本市场风险监测和应对能力建设，积极防范资本市场重大风险。

第三节 鼓励科技信贷服务产品和模式创新

一、创新科技信贷产品服务

一是鼓励商业银行建立完善符合科技型或创新型企业融资特征的信贷评估系统，简化办事程序，压缩审批时限。

二是完善信贷风险补偿机制。探索对处于种子期、初创期、成长期、成熟期等不同发展阶段的科技企业分别确定不同的信贷风险补偿比例。

三是鼓励银行间的产品开发创新经验交流。鼓励商业银行围绕科技信贷产品创新，大胆探索，精益求精。定期梳理各商业银行业已经开发的科技信贷产品，以第三方中小企业视角评估各类信贷产品质量和效果，总结产品开发经验，支持商业银行在经验借鉴基础上开发组合式信贷产品。

四是稳步推进投贷联动良性发展。按照《关于支持银行业金融机构加大创新力度开展科创企业投贷联动试点的指导意见》（银监发〔2016〕14号）等政策文件要求，积极推动银行与其他股权投资机构加强合作，探索形式多样的合作模式。完善商业银行参与股权投资的相关法律法规，适当放宽商业银行参与股权投资的资金限制，建立健全投贷联动的风险分担机制。推进商业银行完善组织架构和利益激励机制，加快建立适合投贷联动产品服务特点的风险控制机制，综合采取多种风控措施规避风险，落实金融监管层面对于机制隔离、风险隔离和风险缓释的要求②。

二、提高科技支行服务能力

一是提高科技支行经营管理水平。鼓励科技支行进一步降低准入门槛，扩大

---

① 参见：中国证券监督管理委员会系统2018年工作会议有关精神。
② 参见：清科研究中心编写的《2017年投贷联动研究报告》。

扶持企业范围，开发符合自身定位的科技信贷产品和服务，综合运用投贷联动、买方信贷、卖方信贷、融资租赁、贸易融资、知识产权、股权质押等方式，提供多样化融资支持。支持科技支行优化审批流程、创新服务模式、降低融资成本、强化要素保障；推进科技支行开展精准人员培训，提高从业人员素质，建立具有专业科技知识和现代金融理念的高素质业务团队。

二是优化科技支行绩效考核体系。适当降低利润率、存款和中间业务等营利性考核指标，并对科技企业不良贷款给予一定容忍度。

三是探索为科技支行授信企业提供贷款贴息的财政支持机制和科技信贷风险分担或补偿机制等。

四是探索建立具有独立法人资格的科技银行。现阶段中国科技银行主要以科技支行的形式存在，没有独立的法人资格，缺少专门的风控体系和补贴机制，甚至有时得不到政府部门的专项支持，不利于日常业务开展。因此，应尽快探索具有独立法人资格的科技银行运行机制，明确其组织、管理和功能架构。

第四节　加快发展科技保险和科技融资租赁

一、提升科技保险服务效能

一是推动科技保险服务市场化精准化、专业化。探索构建符合科技创新特点的保险产品和服务，完善高新技术企业财产保险、保证保险、责任保险、信用保险等基础险种产品体系，支持在基础险种基础上探索开发"保投联动""保险+期货""保单质押融资""知识产权保险"等新型科技保险产品；研究制定统一的科技企业或创新型企业认定标准，将科技保险的服务对象从高新技术企业向科技企业扩大。

二是建立完善与科技保险发展相适应的风险补偿机制。对科技企业投保给予一定额度的保费补贴；探索建立由政府科技专项资金、保险公司、银行等按一定比例分担科技贷款损失风险的机制；加强科技担保风险补偿。

三是鼓励符合条件的保险公司设立科技保险专营机构，支持商业保险机构创新科技保险营销模式和商业模式，鼓励商业保险机构与科技企业孵化器或加速器、产业聚集区、国家科技园等建立战略合作关系，提供"伙伴式"科技保险专业服务，鼓励其参与政府有关部门开展的科技保险创新工作。

四是探索设立政府科技保险引导基金。在国家或各省（区、市）科技成果转化引导基金中增列科技保险引导基金这一支持方式。

五是积极探索更加灵活的科技保险保费支付机制和赔偿机制，推动商业保险机构加强赔付。

六是建立完善科技保险分类及统计监测制度。

二、鼓励发展科技融资租赁

一是提高科技企业对科技融资租赁的认识。加强科技融资租赁政策引导，鼓励和支持行业协会与科技融资租赁机构联合开展形式多样的融资租赁产品和服务宣讲，不断转变科技企业"只买不租"的传统观念。

二是鼓励现有融资租赁公司拓展业务范围。支持融资租赁公司拓展科技租赁业务，在科技租赁细分市场创新产品，探索"创投+租赁"等新型服务模式，同时建立完善与科技融资租赁业务相匹配的风险控制制度。

三是支持有条件的地方设立科技融资租赁专营机构。

四是完善融资租赁法律法规，健全融资租赁行业监管体系，建立完善科技融资租赁风险分担机制。

五是总结推广北京中关村发展科技租赁的成功经验。2012年，中关村科技租赁公司正式成立，该公司是国有控股内资融资租赁试点公司，也是国内首家科技租赁公司，提供的主要产品包括直接租赁、售后回租、创投租赁、经营租赁、项目租赁、风险租赁、并购租赁、厂商租赁、集群租赁，可以为科技企业提供融资筹划、管理提升、政策咨询和客户协同等服务。该公司不论是企业运营管理的经验还是为科技企业提供产品服务的经验都较为丰富，可以将其作为标杆，在条件成熟的地方进行推广。

第五节 优化科技金融服务和人才育成体系

一、增强服务平台专业能力

就科技金融服务平台（机构）自身而言，一是加强科技金融服务平台能力建设。各服务平台要完善组织架构，优化管理流程，提高专业管理水平，努力向"专、精、特、新"方向发展；加强业务培训，创新服务产品，提升服务水平；强化专业人才引进和培养，增加专业服务人才比例，优化薪酬结构和激励机制；提高信息化水平，提升服务效能。

二是鼓励科技金融服务平台创新发展模式。积极探索"互联网+科技金融服务"的商业模式创新；加强与企业、高校院所、行业协会等的联系，建立各类服务联盟或战略合作伙伴关系；强化与同类科技金融服务机构的交流合作，通过彼此学习提升业务能力。

三是大力培育科技金融服务品牌。注意平台服务品牌建设，实施品牌战略，聘请专业机构进行品牌设计和规划，提高品牌感召力；注重平台企业文化建设，提高员工企业认同感，提升社会对服务平台的认可度。

从政府部门角度看，一方面需要通过完善科技金融服务平台建设的顶层设计，推动服务资源集聚和共享；另一方面，需要充分发挥公共财政资金的引导作用，开展示范平台建设，通过补贴、税收减免、荣誉奖励等方式对信誉好、服务优的服务平台给予政策支持。

二、培育科技金融复合人才

第一，鼓励高校院所通过设置科技金融或金融科技专业，以专业教育的方式开展人才培养。一方面，可以将科技金融专业设置在应用经济学一级学科下，在科技金融专业培养方案设置过程中，注意不能将科技金融简单地等同于金融学专业，而应是"科技+金融"的复合型专业，课程设置既要考虑到基础的金融学理论知识，也应涵盖诸如技术经济学、创新理论与管理、商业计划书、科技企业融资等与科技创新创业密切相关的课程，同时要加强实践环节，与股权投资机构、科技银行（支行）、科技金融中介服务机构或平台等建立实习实训和人才培养合作关系。另一方面，可以考虑将金融科技专业设置在计算机科学与技术一级学科下，课程设置应同时包含计算机科学、金融学的基础理论知识及信息技术在金融领域中的应用等相关理论知识。当然，也可以考虑先从研究生层次直接入手，探索设置科技金融或金融科技专业学位，开展专业学位教育。

第二，建立完善科技金融专业人才培训体系。采取政府购买服务的方式委托第三方机构开展科技金融专业人才短期或中长期培训。培训应以模块化的方式进行，同时兼顾公益性和收益性。培训课程应更加侧重于应用和实际操作，可以委托在股权投资机构等科技金融机构或平台具有长期工作经历和丰富工作经验的从业人员编写专业培训教程。逐渐探索建立从高校院所以科技金融知识为主的学历人才培养到社会机构以科技金融执业技能为主的专业人才培训的衔接。

第六节 完善科技金融政策体系和发展环境

一、强化政策引导支持

坚持以问题为导向，制定基于事实的科技金融政策，同时考虑到科技金融政策涉及的领域较多，在政策制定过程中，需要科技、金融、经济和信息化、财政、发展和改革等政府相关职能部门密切配合，既要避免"政出多门"，也要避免出现政策的单一性和片面性，着力提高政策协同性。

在财政科技投入领域，一方面，进一步明确政府和市场的边界，在重大财政科技投入项目中引入市场化的第三方评价机制，提高项目评价的公开性和透明度；另一方面，适时评估国家科技成果转化引导基金和各地方政府创业投资引导基金运行绩效，针对政府引导基金运行存在的现实问题及时修订现有配套政策，使政府引导基金的政策设计更加有利于激励股权投资机构向创新创业链条的上游延伸，更多服务新创企业。

在股权投资领域，重点加强对早期投资的引导与支持，完善和鼓励天使投资发展的细化政策，完善针对个人天使投资者的个人所得税投资抵扣等激励型政策。

在资本市场领域，重点鼓励地方围绕科创板制定相关的配套政策，根据科创板实施过程中可能存在的各种问题，对前期各项政策进行及时的优化。此外，鉴于目前多层次资本市场的退出渠道尚不完善，需要进一步完善转板政策。

在科技信贷领域，一是重点遏制商业银行针对科技型中小企业的"惜贷"行为，明确要求有放贷能力、有放贷对象，借款人有贷款需求、符合申请贷款条件的情况下，商业银行不得随意不发放贷款，严格规范商业银行的"抽贷""断贷"行为。二是进一步完善知识产权质押融资配套政策，重点支持金融机构建立和完善知识产权质押贷款管理机制，规范知识产权质押贷款业务。

在科技保险领域，积极引导高新技术企业参与科技保险，进一步扩大可投保范围和保费补贴企业范围，完善科技保险费补贴等激励性政策，优化补贴方式，落实税收优惠政策。

在完善科技金融政策支持体系的同时，还应加强政策宣传，提高政策的知晓度，营造良好的舆论氛围。可以通过建立相对统一、信息互通的科技金融政策数据库和政策信息发布平台，编制科技金融政策汇编，开展科技金融政策企业大讲堂等方式，加强科技金融政策的宣传和解读。此外，定期开展对重点科技金融政策落实情况的专项督查和评估，确保政策实施取得实效，同时对政策实施过程中可能出现的各种问题及时进行修订。

二、健全企业信用体系

一是完善企业信用信息征集和披露制度。加强企业信用信息数据库建设和信息征集平台建设，建立资信评级机构、金融机构和政府管理部门统一的企业信用评价标准，进一步完善企业信用信息公示制度。

二是促进资信评级机构提高业务能力。支持资信评级机构建立完善信用评价标准模型、信用评价管理制度和信用评级惩戒机制，提高资信评价机构的经营管理水平和专业人才素质。

三是完善行业信用监管体制。依托行业协会、行业商会建立健全行业信用监管体制，完善行业信用评价指标体系，创新行业信用评价模式，积极引导会员企业参与信用评价。

四是健全企业信用奖惩体系。综合运用法律、行政、经济、社会及媒体监督等手段，完善企业信用奖惩制度，探索建立跨地区、跨行业的信用奖惩联动机制。

三、加强科技金融监管

一是树立穿透式监管理念。《互联网金融风险专项整治工作实施方案》《关于规范金融机构资产管理业务的指导意见》《商业银行股权管理暂行办法》《保险公司股权管理办法》《证券公司股权管理规定》等都对强化监管的专业性、统一性和穿透性提出了明确方向和具体要求。穿透繁杂的各类业务表面，深入业务实质，将资金来源、中间环节和资金最终流向穿透联合起来进行监管，将对科技金融的未来发展起到至关重要的作用。为避免穿透式监管流于形式，应按照"实质重于形式"的原则辨别业务本质，根据业务功能和法律属性明确监管规则，通过建立完善金融业综合统计体系、资产管理产品统一报告制度等将穿透式监管落到实处①。

二是大力发展金融监管科技。面对金融监管与金融创新不同步带来的监管空白与挑战，金融监管将越来越依赖监管科技。根据亿欧智库发布的《2018年监管科技发展研究报告》，监管科技主要有五大应用领域，包括交易行为监控、合规数据报送、法律法规跟踪、客户身份识别和金融压力测试，未来监管科技智能化是必然趋势，监管科技 ABC 架构的顶层将以人工智能服务呈现（图 6-1）②。监管科技的参与主体主要包括监管部门、金融机构和第三方中介机构，监管部门需要加强事前准入、事中持续监管、事后化解金融风险等环节的监管科技创新；金融机构需要应用监管科技降低合规成本，第三方中介机构主要为监管部门和金融机构提供专业技术服务。

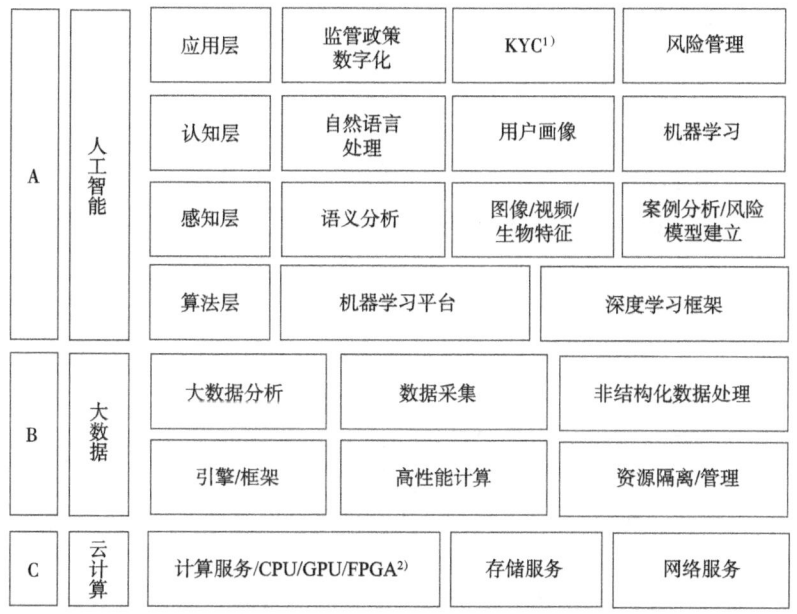

图 6-1　监管科技 ABC 架构

1）KYC：know your customer，了解你的客户；2）CPU：central processing unit/processor，中央处理器；GPU：graphics processing unit，图形处理器缩写；FPGA：field-programmable gate array，现场可编程逻辑门阵列

资料来源：亿欧智库《2018 年监管科技发展研究报告》

三是提升地方金融监管能力。2014 年，国务院印发了《国务院关于界定中央和地方金融监管职责和风险处置责任的意见》（国发〔2014〕30 号），初步形成了中央和地方两个层面的金融监管体系。当前，在地方金融监管方面还存在监管资

---

① 参见：凡普金科编写的《金融科技服务中小实体经济调查报告》。
② 参见：亿欧智库编写的《2018 年监管科技发展研究报告》。

源相对紧缺、监管制度不完备、监管能力相对薄弱、监管界限模糊、监管职责交叉等现实问题，由于金融监管权的缺失，地方政府金融监管积极性并不高。为此，应加快地方金融监管立法；建立健全地方金融监管体制，逐渐剥离地方金融管理部门的金融发展职能，突出其服务和监管职能，强化综合监管，提高功能监管和行为监管能力；打造标准化监管模板，促进监管标准化、规范化建设；建立完善责任追究制度，强化监管问责，形成统一归口管理的地方金融监管工作体系；提高地方金融机构从业人员职业操守和业务水平；完善地方金融信息化监管系统，提高监管科技应用能力。

四、加大工作考核力度

将科技金融工作纳入政府部门绩效考核体系，建立完善科技金融工作绩效考核标准体系和考核管理办法。

第一，在考核标准体系的构建过程中，要兼顾科技金融系统的要素、结构和功能，坚持定性指标与定量指标相结合，且要更加突出关键性考核指标，如科技金融发展规划制定情况、股权投资机构数量、资金规模、上市企业市值总额、科技信贷规模、科技金融公共服务平台建设情况、政府引导基金规模及放大倍数等。

第二，对国家、省、市各级科技金融公共服务平台，应强化公益性指标考核，降低收益性指标考核，为具有准公益性质或公益性质的科技金融公共服务平台提供足够的适应市场和成长发展的空间。

第三，鉴于科技金融工作的投入与产出具有一个过程，产出一般具有滞后性，科技金融系统的构建也是一个逐步完善的过程，对科技金融工作的考核可以采用季度动态监测加上年度考核的方式进行，但总体应以中长期考核为主。

第七节 本章小结

基于中国科技金融系统发展的基本特征事实，结合试点城市及发达国家构建科技金融系统的成功经验，提出优化科技金融系统的实践路径和政策措施建议。具体包括：完善科技金融顶层设计，促进科技金融区域协调和联动发展；健全股权投资体系，不断完善多层次资本市场；鼓励科技信贷服务产品和模式创新，提高科技支行服务能力；提升科技保险服务效能，鼓励发展科技融资租赁；优化科技金融服务和人才育成体系，增强服务平台专业能力，培育科技金融复合人才；强化科技金融政策引导支持，健全企业信用体系，加强科技金融监管和加大工作考核力度。

参考文献

白光林. 2017. 并购为王[M]. 北京：法律出版社.
柏燕秋. 2016. 日本政府支持风险投资的政策与措施[J]. 全球科技经济瞭望, （2）：55-64.
曹颖, 尤建新, 卢锐. 2011. 我国科技金融发展指数实证研究[J]. 中国管理科学, （6）：134-140.
陈泉. 2005. 美国风险投资发展历程及借鉴[J]. 合作经济与科技, （7）：38-40.
陈润. 2016. 摩根家族传[M]. 武汉：华中科技大学出版社.
陈少强, 郭骊, 郏紫卉. 2017. 政府引导基金演变的逻辑[J]. 中央财经大学学报, （2）：3-13.
程翔, 鲍新中, 沈新誉. 2018. 京津冀地区科技金融政策文本的量化研究[J]. 经济体制改革, （4）：56-61.
储节旺, 钱倩. 2014. 基于词频分析的近 10 年知识管理的研究热点及研究方法[J]. 情报科学, 32（10）：156-160.
崔兵. 2013. 政府在科技金融发展中的作用：理论与中国经验[J]. 中共中央党校学报, 17（2）：87-90.
戴志敏, 郑万腾, 杨斌斌. 2017. 科技金融效率多尺度视角下的区域差异分析[J]. 科学学研究, 35（9）：1326-1333.
邓天佐, 张俊芳. 2012. 关于我国科技金融发展的几点思考[J]. 证券市场导报, （12）：16-24.
丁帅. 2018. 北京市科技金融双螺旋创新系统耦合发展研究[D]. 中国矿业大学（北京）博士学位论文.
杜江, 张伟科, 范锦玲, 等. 2017. 科技金融对科技创新影响的空间效应分析[J]. 软科学, 31（4）：19-22, 36.
杜金岷, 梁岭, 吕寒. 2016. 中国区域科技金融效率研究——基于三阶段 DEA 模型分析[J]. 金融经济学研究, （6）：84-93.
房汉廷. 2010. 关于科技金融理论、实践与政策的思考[J]. 中国科技论坛, （11）：5-12.
傅德岷, 卢晋. 2016. 爱迪生[M]. 武汉：长江出版社.
甘星, 甘伟. 2017. 环渤海、长三角、珠三角三大经济圈科技金融效率差异实证研究[J]. 宏观经济研究, （11）：103-114.
高岭. 2016-03-25. 全面提升高校科技创新能力[N]. 中国社会科学报, 第 7 版.

耿中元，王雅杰，惠晓峰. 2012. 黑龙江省科技金融服务体系建设的战略重点[J]. 科技进步与对策，（3）：49-52.

巩世广，郭继涛. 2016. 基于区块链的科技金融模式创新研究[J]. 科学管理研究，34（4）：110-113.

谷慎，汪淑娟. 2018. 中国科技金融投入的经济增长质量效应——基于时空异质性视角的研究[J]. 财经科学，（8）：30-43.

国家统计局. 2018. 2018年中国统计年鉴[M]. 北京：中国统计出版社.

韩威. 2015. 基于DEA-Tobit模型的科技金融结合效率实证分析——以河南省为例[J]. 金融发展研究，（9）：36-40.

郝亚明，赵俊琪. 2018. 改革开放以来中国民族政策的变迁——基于共词分析方法和政策工具的视角[J]. 中南民族大学学报（人文社会科学版），38（3）：16-22.

侯宏，石涌. 2017. 生态型企业的非线性成长之道[J]. 清华管理评论，（12）：33-38.

胡海峰，罗惠良. 2010. 我国现阶段多层次资本市场的竞争与协作机制研究[J]. 经济学动态，（5）：73-76.

胡志坚. 2017. 中国创业风险投资发展报告2017[M]. 北京：经济管理出版社.

胡亚兰. 2004. 信息不对称下银行信贷风险的研究[J]. 当代经济，（4）：54.

黄萃，赵培强，李江. 2015. 基于共词分析的中国科技创新政策变迁量化分析[J]. 中国行政管理，（9）：115-122.

黄隽，李慧，徐俊杰. 2010. 美国银行业市场结构分析[J]. 国际金融研究，（7）：89-96.

黄瑞芬，杜绪沅. 2015. 基于DEA方法的我国沿海各省科技金融绩效评价[J]. 金融发展研究，（4）：35-39.

黄瑞芬，邱梦圆. 2016. 基于Malmquist指数和SFA模型的我国科技金融效率评价[J]. 科技管理研究，（20）：43-48.

贾根良. 2014. 第三次工业革命：来自世界经济史的长期透视[J]. 学习与探索，（9）：97-104.

贾根良. 2016. 第三次工业革命与工业智能化[J]. 中国社会科学，（6）：87-106.

金碚. 2015. 世界工业革命的缘起、历程与趋势[J]. 南京政治学院学报，31（1）：41-49.

卡尔森 W B. 2016. 王国良译. 特斯拉：电器时代的开创者[M]. 北京：人民邮电出版社.

寇明婷，陈凯华，穆荣平. 2018. 科技金融若干重要问题研究评析[J]. 科学学研究，36（12）：2170-2178.

李建标，孙宾宾，王鹏程. 2016. 财富约束、市场时机与融资行为的实验研究——优序融资和市场择时理论的行为元素提炼[J]. 金融研究，（5）：124-137.

李琳璐. 2014. 科技与金融协同创新的经验比较与路径选择[D]. 天津财经大学硕士学位论文.

李苗苗，肖洪钧，赵爽. 2015. 金融发展、技术创新与经济增长的关系研究——基于中国的省市面板数据[J]. 中国管理科学，23（1）：162-169.

李伟. 2016. 充分发挥信息化的关键作用有力推动经济转型升级[J]. 中国发展观察，（4）：5-7.

李希义. 2015. 我国的科技银行应该学习硅谷银行什么?——兼剖析国内关于硅谷银行的认识误

区[J]. 中央财经大学学报，（11）：45-52.

李希义，邓天佐. 2011. 硅谷银行支持高科技企业发展的成功模式及其原因探秘[J]. 中国科技产业，（10）：31-33.

李晓琪. 2008-04-06. 美国的风险投资业（二）. http://www.chinavalue.net/Finance/Blog/2008-4-6/1689485.aspx.

李星洲，丁其涛. 2004. 国外发展风险投资给我们的启示[J]. 科学与管理，24（3）：14-16.

李毅光，毛道维，倪文新. 2016. 政府主导型科技金融服务平台运行模式研究[J]. 经济体制改革，（2）：197-200.

梁鹏，王国顺. 2008. 风险投资模式的国际比较研究[J]. 财经理论与实践，29（1）：53-56.

廖传惠，杨渝南，陈永华. 2015. 互联网金融、公共科技金融与科技型小微企业融资[J]. 科学管理研究，33（2）：97-100.

林伟光. 2014. 我国科技金融发展研究[D]. 暨南大学博士学位论文.

林毅夫，李永军. 2001. 中小金融机构发展与中小企业融资[J]. 经济研究，36（1）：10-18.

刘洁，魏方欣，陈小宇. 2017. 基于协同演化的企业竞争与合作研究[J]. 中国软科学，(5)：119-130.

刘曼红，王佳妮，2015. 中国天使投资：理论、方法与实践[M]. 北京：中国发展出版社.

刘敏，赵公民，褚帅卿. 2016. 科技金融与科技型中小企业协同演进的可视化研究[J]. 科技管理研究，36（12）：34-39.

刘湘云，吴文洋. 2017. 基于高新技术产业的科技金融政策作用路径与效果评价研究[J]. 科技管理研究，37（18）：23-28.

刘新来. 2003. 信用担保概论与实务[M]. 北京：经济科学出版社.

刘岩，丁宁. 2007. 美国多层次资本市场的发展、现状及启示[J]. 财贸经济，（10）：36-43.

刘云非，刘轶芳，许苏培. 2017a-09-29. 聚焦金融科技之一："天使"还是"魔鬼"——金融科技热潮思辨（上篇）. http://www.xinhuanet.com//world/2017-09/29/c_1121748025.htm.

刘轶芳，许苏培，刘云非. 2017b-09-29. 聚焦金融科技之三：金融科技热点问答. http://www.xinhuanet.com//fortune/2017- 09/29/c_1121748101.htm.

卢珊，赵黎明. 2011. 基于协同理论的创业投资机构与科技型中小企业演化博弈分析[J]. 科学学与科学技术管理，32（7）：120-123.

卢亚娟，刘骅. 2016. 江苏省科技金融发展成效、障碍因素与创新机制研究[J]. 江苏社会科学，（1）：255-260.

骆世广，李华民. 2012. 广东科技金融绩效评价——基于NonICA特征约简的DEA方法研究[J]. 金融理论与实践，（12）：39-42.

马克思 K. 1953. 资本论[M]. 郭大力，王亚南译. 上海：上海三联书店.

马克思 K. 2003. 资本论(第3卷)[M]. 中共中央马克思恩格斯列宁斯大林著作编译局译. 北京：人民出版社.

马宇. 2018-01-26. 2016 年美国风险投资发展概况.https://new.qq.com/omn/20180126/20180126

G077ZY.html.

特斯拉 N. 2015. 戴光年译. 特斯拉自传[M]. 长春：吉林出版集团有限责任公司.

欧阳良宜. 2013. 私募股权管理[M]. 北京：北京大学出版社.

佩蕾斯 C. 2007. 田方萌，胡叶青，刘然，等译. 技术革命与金融资本[M]. 北京：中国人民大学出版社.

彭振江，王斌. 2017-06-07. 股市是我国直接融资的主要短板[EB/OL]. https://www.yicai.com/news/5296942.html.

齐美东，郑焱焱，王辉，等. 2015. 共享共建型科技金融服务平台构建及运行研究[J]. 科技管理研究，（23）：36-41.

钱水土，张宇. 2017. 科技金融发展对企业研发投入的影响研究[J]. 科学学研究，35（9）：1320-1325.

瞿雪飞. 2018. 中国天使投资发展近况及案例分析[D]. 苏州大学硕士学位论文.

饶彩霞，唐五湘，周飞跃. 2013. 中国科技金融政策的分析与体系构建[J]. 科技管理研究，（20）：31-35.

人民教育出版社历史室. 2000. 世界近代现代史[M]. 北京：人民教育出版社.

沈炳熙，高圣智. 2002. 日本的中小企业金融政策[J]. 金融研究，（9）：53-60.

休斯 S S. 2017. 孙焕君译. 基因泰克：生物技术王国的匠心传奇[M]. 北京：中国人民大学出版社.

束军意. 2016. 众筹模式下科技金融服务平台功能架构研究[J]. 科技进步与对策，33(10)：18-22.

宋旭岚. 2017. 创新与进化：生态型企业称霸新商业时代[J]. 互联网经济，（3）：86-91.

苏发金，刘彻. 2016. 科技金融支持湖北创新发展的逻辑与路径[J]. 科技进步与对策，33（12）：47-51.

孙晓绯，李春华. 2005. 竞合理论与企业战略联盟核心竞争力[J]. 经济管理，（3）：40-42.

唐五湘，饶彩霞，程桂枝. 2013. 北京市科技金融政策文本量化分析[J]. 科技进步与对策，（30）：56-61.

王换娥，孙静，田华杰. 2018. 科技型中小企业融资困境及法律对策[J]. 商业经济研究，（5）：168-170.

王卉彤，刘靖，雷丹. 2014. 新旧两类产业耦合发展过程中的科技金融功能定位研究[J]. 管理世界，（2）：178-179.

王江琦，肖国华. 2012. 中国科技风险投资政策效果评估——基于典型相关分析的中国数据实证研究[J]. 情报杂志，（6）：108-110.

王莹莹，王仁祥. 2017. 科技创新和金融创新耦合机理及实证分析[J]. 技术经济与管理研究，（12）：66-71.

王玉春. 2005. 高新技术产业的资本保障战略研究[M]. 合肥：合肥工业大学出版社.

王勇，冯立. 2016. 多案例背景下的区域性科技金融平台运作研究[J]. 科技管理研究，（8）：26-31，36.

魏江, 曹建萍, 焦豪. 2008. 基于竞合理论的集群企业技术能力整合机理研究[J]. 科学学与科学技术管理, 29（6）: 135-141.

文竹, 文宗川, 宿北燕. 2012. 基于 TRIZ 理论的科技金融创新模式研究[J]. 科学管理研究,（3）: 17-19.

邬爱其. 2005. 企业网络化成长——国外企业成长研究新领域[J]. 外国经济与管理, 27（10）: 10-17.

吴晓球. 2018. 中国资本市场的问题根源究竟在哪里?[J]. 商讯,（8）: 39-41.

吴莹. 2010. 中国科技金融的体系构建与政策选择[D]. 武汉大学博士学位论文.

卫兴华. 2017-04-10. 马克思的生产力理论超越了西方经济学[N]. 人民日报, 第 7 版.

夏征农, 陈至立. 2010. 辞海[M]. 6 版. 上海: 上海辞书出版社.

肖奎喜, 谢玥玥, 徐世长. 2016. 创新驱动背景下实现中国科技金融突破性发展的制度安排及政策建议——基于发达国家和地区科技金融体制创新的借鉴[J]. 科技进步与对策, 33（23）: 105-110.

肖龙阶, 明隆, 周德群. 2014. 科技金融创新发展研究——基于 DEMATEL 系统关键因素分析[J]. 现代管理科学,（9）: 66-68.

肖泽磊, 张镁予. 2013. 政府引导型区域科技金融服务体系建设理论及实证研究——基于苏州板块的调研分析[J]. 科技进步与对策,（19）: 50-56.

谢泗薪, 张志博. 2016. 基于互联网思维的科技金融服务业发展模式与攻略[J]. 中国科技论坛,（3）: 55-61.

许汝俊, 龙子午, 姚逍遥. 2015. 基于 DEA-Malmquist 指数法的科技金融发展效率评价研究——以长江经济带为例[J]. 科技管理研究,（13）: 188-191.

徐烁然, 杨丽莎, 付丽娜. 2018. 长江经济带科技金融结合效率的时空分异特征分析[J]. 商业经济研究,（21）: 171-173.

徐玉莲. 2012. 区域科技创新与科技金融协同发展模式与机制研究[D]. 哈尔滨理工大学博士学位论文.

徐玉莲, 王玉冬. 2013. 区域科技创新与科技金融系统协同发展运行机理分析[J]. 科技进步与对策, 30（20）: 25-29.

薛晔, 蔺琦珠, 高晓艳. 2017. 中国科技金融发展效率测算及影响因素分析[J]. 科技进步与对策, 3（7）: 109-116.

寻舸, 邱晓天. 2015. 论制度因素对科技金融区位优势的影响[J]. 科学与管理, 35（5）: 3-7.

杨大勇. 2016. 英国工业革命融资及对中国经济建设的启示[J]. 西安交通大学学报（社会科学版）,（7）: 17-23.

杨德勇, 董左卉子. 2007. 资本市场发展与我国产业结构升级研究[J]. 中央财经大学学报,（5）: 45-50.

杨丽莎. 2018. 湖北科技金融系统运行效率评价及其提升路径研究[D]. 中国地质大学硕士学位

论文.

杨宜. 2017. 科技金融网络的结构、演化及创新机制研究[M]. 北京：中国金融出版社.

杨正平，王淼，华秀萍. 2017. 科技金融创新：创新与发展[M]. 北京：北京大学出版社.

杨智慧，肖志源. 2016. 科技金融服务信息合作平台构建及运行研究[J]. 科学管理研究，34（2）：90-94.

易明. 2019-01-18. 构建多层次科技金融生态系统[N]. 经济日报，第 12 版.

易明，张莲，杨丽莎，等. 2019. 中国科技金融效率时空分异特征及区域均衡性[J]. 科技进步与对策，（10）：34-40.

尹志超，余颖丰. 2018-11-20. 重视金融科技在金融发展中的作用[N].光明日报，11 版.

余婧雯. 2018-07-18. 中关村 40 年：金融创新的领头雁[N]. 海淀报.

俞立平. 2013. 省际金融与科技创新互动关系的实证研究[J]. 科学学与科学技术管理，34（4）：88-97.

喻桂华. 2004. 成本领先战略的进一步探讨[J]. 当代财经，（9）：119-123.

张承惠. 2015-03-06. 我国信用担保行业发展现状、问题与改革建议[N]. 中国经济时报.

张翠，冯德连. 2009. 美国与德国科技企业孵化器发展比较及启示[J]. 铜陵学院学报，（1）：14-15.

张大龙. 2011-10-28. 加强中小企业信用体系建设[EB/OL]. http://www.shfinancialnews.com/xww/2009jrb/node5019/node5036/node5048/userobject1ai83770.html.

张多蕾，刘博. 2015. 我国天使投资行业发展状况研究[J].当代会计，（12）：3-4.

张贵，刘雪芹. 2016. 创新生态系统作用机理及演化研究——基于生态场视角的解释[J]. 软科学，30（12）：16-19.

张华. 2016. 科技金融创新生态系统的规划框架与协同创新机制[J]. 科学管理研究，34(5): 89-93.

张海军，张座铭. 2016. 湖北省科技金融生态系统构建路径分析[J]. 商业经济研究,（21）:171-172.

张恒龙，袁路芳. 2015. 科技金融：国际经验与本土挑战[J]. 上海经济研究，（5）：34-40，94.

张雷声，董正平. 2015. 马克思主义政治经济学原理[M]. 3 版. 北京：中国人民大学出版社.

张洁，王红. 2014. 基于词频分析和可视化共词网络图的国内外移动学习研究热点对比分析[J]. 现代远距离教育，（2）：76-83.

张明喜，魏世杰，朱欣乐. 2018. 科技金融：从概念到理论体系构建[J].中国软科学，（4）：31-42.

张明喜. 2017. 我国科技金融生态及其绩效实证研究[J]. 科技进步与对策，（6）：1-6.

张明喜. 2013. 示范区科技金融试点政策跟踪研究[J]. 中央财经大学学报，（6）：44-49.

张明喜. 2015. 我国科技金融发展的财政配套机制研究[J]. 科技进步与对策，32（23）：113-117.

张苏，杨筠. 2010. 金融与创业意愿：来自中国大学生调查数据的经验发现[J]. 金融研究，（11）：19-33.

张童. 2019. 陕西省科技金融—科技创新系统动态耦合关系研究[D]. 西安理工大学硕士学位论文.

张兴旺，陈希敏. 2017. 国内外科技金融创新发展模式比较研究[J]. 科学管理研究，35（5）：112-115.

张旭阳. 2018. 智能时代的金融新生态[J]. 清华金融评论,（1）: 87-90.

张玉喜, 赵丽丽. 2015. 中国科技金融投入对科技创新的作用效果——基于静态和动态面板数据模型的实证研究[J]. 科学学研究, 33（2）: 177-184, 214.

张芷若, 谷国锋. 2018. 科技金融发展对中国经济增长的影响研究——基于空间计量模型的实证检验[J]. 财经理论与实践, 39（4）: 112-118.

章思诗, 李姚矿. 2017. 基于 DEA-Tobit 模型的科技金融效率影响因素研究[J]. 科技管理研究, 37（6）: 29-34.

赵昌文, 陈春发, 唐英凯. 2009. 科技金融[M]. 北京: 科学出版社.

赵公民, 刘金金, 武勇杰, 等. 2019. 基于扎根理论和文本挖掘的广东省科技金融政策共词网络研究[J]. 科技管理研究, 39（3）: 51-57.

周昌发. 2011. 科技金融发展的保障机制[J]. 中国软科学,（3）: 72-81.

周立群, 王聪. 2017. 投贷联动: 优化科技金融供给的新实践[J]. 新金融,（3）: 53-57.

朱鸿鸣, 赵昌文, 姚露, 等. 2012. 中美科技银行比较研究——兼论如何发展我国的科技银行[J]. 科技进步与对策, 29（10）: 84-90.

朱克江. 2011. 科技金融创新与发展[M]. 南京: 东南大学出版社.

Alessandra C, Stoneman P. 2008. Financial constraints to innovation in the UK: evidence from CIS2 and CIS3[J]. Oxford Economic Paper, 60（4）: 711-730.

Audretsch D B, Lehmann E. 2004. Debt or equity? The role of venture capital in financing high-tech firms in Germany[J]. Schwalbach Business,（3）: 43-57.

Avnimelech G, Morris T. 2006. Creating venture capital industries that co-evolve with high tech: insights from an extended industry life cycle perspective of the israeli experience[J]. Research Policy, 35（10）: 1477-1498.

Beck T, Levine R. 2002. Industry growth and capital allocation: does having a market- or bank-based system matter?[J]. Journal of Financial Economics, 64（2）: 147-180.

Berger A N, Hasan I, Klapper L F. 2004. Further evidence on the link between finance and growth: an international analysis of community banking and economic performance[J]. Journal of Financial Services Research, 25（2）: 169-202.

Berger A N, Udell G F. 1998. The economics of small business finance: the roles of private equity and debt markets in the financial growth cycle[J]. Journal of Banking and Finance,（6）: 613-673.

Berger A N, Udell G F. 2002. Small business credit availability and relationship lending: the importance of bank organisational structure[J]. The Economic Journal, 112: 32-53.

Brandenburger A, Nalebuff B. 1995. The right game: use game theory to shape strategy[J]. Harvard Business Review, 76（7）: 57-71.

Brown J R, Petersen B C. 2012. Do cash holding matter for R&D?[J]. European Economic Review,（46）: 1022-1049.

Calderon C. 2003. The direction of causality between financial development and economic growth[J]. Journal of Development Economics, 72（2）: 189-197.

Caterina G. 2012. Relationship lending and firm innovativeness[J]. Journal of Empirical Finance, 19（5）: 762-781.

Catherine C. 2003. Financing an advising: optimal financial contracts with venture capitalists[J]. Journal of Finance, 58（5）: 2059-2086.

Cohen B, Amorós J E. 2014. Municipal demand-side policy tools and the strategic management of technology life cycles[J]. Technovation, 34（12）: 797-806.

Donaldson G. 1961. Corporate Debt Capacity: A Study of Corporate Debt Policy and the Determination of Corporate Debt Capacity[M]. Boston: Graduate School of Business Administration, Harvard University.

Duffy J E, Godwin C M, Cardinale B J. 2017. Biodiversity effects in the wild are common and as strong as key drivers of productivity[J]. Nature, 549（7671）: 261.

Geogre A, Aker L. 1970. The market for "lemons": quality uncertainty and the market mechanism[J]. The Quarterly Journal of Economics, 84（3）: 488-500.

Gustav M. 2010. Equity financing and innovation: is Europe different from the United States? [J]. Journal of Banking & Finance, 34（6）: 1215-1224.

Hotelling H. 1933. Analysis of a complex of statistical variables into principal components[J]. Journal of Educational Psychology, 24（6）: 417-520.

Hsuan H, Xuan T, Yan X, 2014. Financial development and innovation cross-country evidence [J]. Journal of Financial Economics, 112（1）: 46-52.

Hughes A. 1997. Finance for SMEs: a U.K. perspective[J]. Small Business Economics, 9（2）: 151-166.

Ibrahim D M. 1962. Debt as venture capital[J]. University of Illinois Law Review, 2010: 1169-1182.

Jarunee W. 2011. Government programmes in financing innovations: comparative innovation system cases of Malaysia and Thailand[J]. Technology in Society, 33（1~2）: 156-164.

Jeong H, Townsend R M. 2007. Sources and TFP growth: occupational choice and financial deepening [J]. Economic Theory, 32（1）: 11-16.

John C, Steven M. 2003. Venture capital's role in innovation: issues, research and stakeholder interests [J]. The International Handbook on Innovation, （4）: 641-663.

Keusching C. 2004. Venture capital backed growth[J]. Journal of Economic Growth, 9（2）: 239-261.

King R G, Levine R. 1993. Finance, entrepreneurship and growth: theory and evidence [J]. Journal of Monetary Economics, 32（3）: 513-542.

Levine R, Zervos S. 1998. Stock markets, banks, and economic growth[J]. The American Economic Review, 88（3）: 537-558.

Nelson R. 1993. National innovation system: a comparative analysis[J]. Research Policy, 25（5）: 838-842.

North D, Smallbone D, Vickers I. 2001. Public sector support for innovating SMEs[J]. Small Business Economics, 16（4）: 303-317.

Parris S, Demirel P. 2010. Innovation in venture capital backed clean-technology firms in the U K [J]. Strategic Change, 19: 343-357.

Peneder M. 2008. The problem of private under-investment in innovation: a policy mind map[J]. Technovation, 28（8）: 518-530.

Penrose E T. 1995. The Theory of the Growth of the Firm[M]. New York: Oxford University Press.

Pere A C. 2012. How venture capitalists spur invention in Spain: evidence from patent trajectories[J]. Research Policy, 41（5）: 897-912.

Porter M E. 1990. The Competitive Advantage of Nations[M]. London: The MacMillan Press Ltd.

Rin M D, Nicodano G, Sembenelli A. 2006. Public policy and the creation of active venture capital markets[J]. Journal of Public Economics, （8）: 1699-1723.

Rosa G, Alessandro G. 2005. Business incubators and new venture creation: an assessment of incubating models[J]. Technovation, 25（2）: 111-121.

Rothwell R. 1985. Reindustrialization and technology: towards a national policy framework[J]. Science & Public Policy, 12（3）: 113-130.

Schans D. 2015. The British business bank's role in facilitating economic growth by addressing imperfections in SME finance markets[J].Venture Capital, 17: 7-25.

Sean M H, David M D. 2004. A systematic review of business incubation research[J]. Journal of Technology Transfer, 29（1）: 55-82.

Seokchin K, Hyunchul L, Joongi K. 2016. Divergent effects of external financing on technology innovation activity: Korean evidence[J]. Technological Forecasting and Social Change, 106: 22-30.

Vanacker T, Heughebaert A, Manigart S. 2014. Institutional frameworks, venture capital and the financing of European New Technology-Based Firms[J]. Corporate Governance An International Review, 22（3）: 199-215.

Vasilescu L G, Popa A. 2011. Venture capital funding-path to growth and innovation for firm[J]. Constantin Brancusi University of Targu Jiu Annals-Economy Series, （1）: 204-213.

Yaxin Z, Yuwen D. 2014. The analysis of government's role in the development of scientific and technological finance: illustrated by the case of Liaoning Province[J]. Canadian Social Science, 10（4）: 145-167.

附　　录

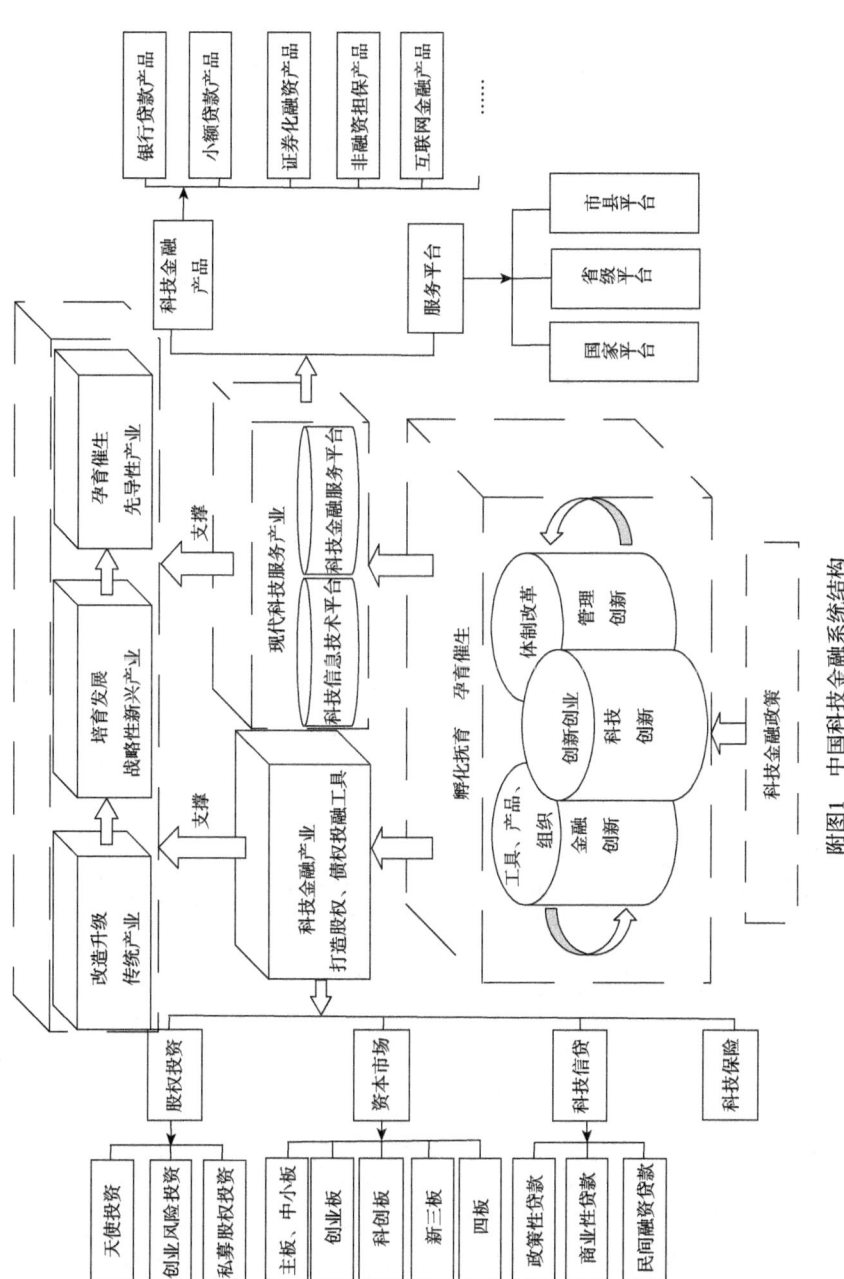

附图1　中国科技金融体系融结构

附表1 各省（区、市）金融机构贷款额

单位：亿元

地区	2006年	2007年	2008年	2009年	2010年	2011年	2012年	2013年	2014年	2015年	2016年
北京	2168.5000	2831.9181	3362.0800	3182.1100	3019.2000	3333.8000	3326.3000	3569.9000	3826.1142	4151.5521	3997.0890
天津	1909.0000	2335.9508	2146.9600	1965.1500	1918.3000	2291.1000	2697.4000	3526.9000	4243.4695	4282.0289	4233.7970
河北	300.2000	327.2504	423.2200	539.2800	622.3000	883.1000	1041.4000	1204.5000	1380.9885	1508.6719	1705.8663
山西	67.6000	95.4721	137.4300	164.3800	172.3000	233.4000	302.4000	621.5000	707.7633	793.6214	864.7128
内蒙古	102.8000	132.9942	162.7000	179.1900	231.0000	225.2000	312.2000	273.1000	344.7838	353.4216	394.3160
辽宁	608.5000	721.2778	973.5100	1118.9900	1294.1000	1709.8000	1898.5000	2214.1000	2362.3900	2351.7267	1813.7462
吉林	145.4000	188.1333	250.5600	359.6500	474.4000	642.4000	918.1000	1138.7000	1431.3165	1667.8912	1848.4666
黑龙江	313.3000	227.5072	271.0300	311.6700	356.5000	399.2000	472.7000	524.2000	610.7888	632.3952	622.2458
上海	4030.3000	4609.9143	5792.1400	6063.5400	5785.7000	7019.7000	7063.6000	7051.6000	6823.4327	7056.8920	7213.0115
江苏	6137.5000	7536.6637	9557.3100	11670.7200	12781.8000	16919.6000	19396.0000	22863.9000	24853.9994	26113.8993	28530.1656
浙江	1741.8000	2406.9860	2774.8700	2600.3000	2569.4000	3323.7000	3607.3000	3976.9000	4360.1294	4792.4154	5288.0662
安徽	156.5000	203.7090	267.6900	329.1100	431.4000	661.5000	1055.1000	1460.0000	1831.3823	2533.0428	3064.1474
福建	1421.9000	1605.7244	1715.8700	1922.4600	1948.1000	2576.6000	2989.8000	3229.4000	3545.0448	3627.7569	3962.3369
江西	229.9000	322.0362	430.3600	559.1600	743.4000	1039.3000	1432.0000	1856.7000	2289.5912	2611.8789	3318.1157
山东	1737.6000	2286.2947	3094.9600	3861.7700	4548.8000	5148.8000	6121.4000	7729.2000	8946.5281	10212.0946	11535.2614
河南	297.6000	425.4985	553.6300	720.1000	897.2000	1185.6000	2033.5000	3257.8000	4284.4370	5293.0772	6653.7565
湖北	396.9000	508.7178	575.9600	793.7400	1025.9000	1257.0000	1552.1000	2027.3000	2445.2730	2948.0498	3655.1105
湖南	205.1000	237.3321	312.6600	497.5600	616.1000	906.1000	1473.4000	1880.7000	2564.8890	2834.3876	3280.2361
广东	10428.8000	12794.1316	14582.9300	16070.7800	16758.0000	20952.8000	23227.6000	25046.6000	27871.0981	30328.8672	33308.0727
广西	94.2000	111.0981	137.6000	191.0300	234.4000	383.8000	539.6000	806.2000	1126.2372	1394.3002	1791.0174
海南	30.4000	35.4230	35.4400	44.2600	50.4000	76.7000	92.1000	151.9000	121.4244	131.7497	155.8758
重庆	136.0000	155.4351	200.4100	271.9600	339.1000	507.8000	1111.8000	1883.4000	2624.2326	3433.6571	4028.8090
四川	578.3000	725.1127	1020.1400	1294.6900	1583.3000	2104.9000	3186.5000	3962.1000	5160.4517	5486.6076	5171.7111
贵州	127.9000	132.9562	171.1600	184.4600	245.0000	266.0000	305.0000	342.9000	372.0383	566.3333	806.9092
云南	59.8000	76.6348	91.7600	111.3900	131.3000	160.1000	188.7000	239.4000	291.1199	312.0695	349.9551
陕西	414.3000	466.6429	566.6000	610.4100	665.8000	865.2000	1001.5000	1238.0000	1374.0286	1649.5132	1902.8875
甘肃	39.2000	43.2357	49.7300	53.8700	56.5000	76.2000	87.6000	112.3000	140.9226	162.4117	179.0108
青海	6.9000	8.4436	12.6100	12.0100	15.0000	21.3000	21.6000	38.7000	50.7344	57.1565	100.4748
宁夏	15.7000	14.2084	19.0300	22.9200	28.5000	30.9000	35.9000	31.9000	31.7726	37.4100	111.8470

附表 2　各省（区、市）股票市价总值

单位：亿元

地区	2006年	2007年	2008年	2009年	2010年	2011年	2012年	2013年	2014年	2015年	2016年
北京	77 487.83	97 978.66	204 030.16	76 855.90	128 026.80	114 891.60	104 298.50	108 299.30	97 040.20	158 109.30	133 059.03
天津	571.47	1 119.11	8 928.99	2 068.73	3 723.73	3 953.00	2 565.00	2 803.00	3 590.00	5 321.99	6 221.40
河北	552.46	875.89	3 527.23	1 388.65	3 121.41	3 482.97	3 165.55	3 508.20	3 895.60	6 180.00	8 272.81
山西	447.73	2 279.79	7 550.14	2 387.37	5 918.23	6 249.15	4 590.34	4 502.89	3 633.64	5 624.09	5 863.70
内蒙古	539.44	924.33	5 291.04	820.19	2 366.90	3 570.68	2 747.35	2 969.48	3 117.10	4 046.50	5 357.45
辽宁	892.47	1 990.64	5 770.14	2 178.00	4 595.60	4 501.90	3 299.90	3 174.00	3 391.60	5 812.50	9 016.83
吉林	367.66	712.59	2 662.60	2 268.80	2 544.38	2 291.09	2 314.20	2 114.20	1 782.00	3 489.10	4 948.60
黑龙江	462.74	680.09	1 661.20	1 068.60	1 506.20	2 122.50	1 389.60	1 592.50	1 943.10	2 555.30	4 910.70
上海	6 373.00	11 725.00	43 000.00	14 949.00	29 147.00	24 286.00	19 442.00	21 395.00	26 957.00	43 141.00	61 384.00
江苏	1 729.45	2 595.17	7 881.40	3 471.99	8 874.40	13 000.00	11 090.00	11 394.27	12 787.24	19 630.99	36 720.48
浙江	1 119.30	2 013.23	6 862.00	3 129.42	7 833.66	13 815.20	10 484.01	11 126.11	14 820.10	21 286.60	41 217.53
安徽	2 322.30	2 767.70	5 018.93	1 994.00	4 660.10	5 337.30	4 250.50	4 843.50	4 732.70	7 042.20	11527.00
福建	361.89	618.16	4 242.87	2 047.49	6 000.45	6 568.78	5 323.31	6 018.54	6 386.80	10 402.70	15 561.32
江西	1 971.68	2 056.67	3 103.77	793.31	2 224.00	3 670.22	2 332.31	2 057.90	2 367.00	2 631.60	4 004.30
山东	2 080.87	3 460.63	8 098.00	3 754.21	8 596.44	11 111.21	8 880.68	9 043.59	9 795.90	12 314.70	18 893.91
河南	617.00	1 020.00	3 418.00	739.12	2 503.00	4 351.00	3 500.00	4 027.69	4 412.80	5 531.60	6 549.12
湖北	866.01	1 510.54	5 276.83	1 814.65	4 490.40	5 123.99	3 817.23	4 076.90	5 017.30	7 469.90	11 092.03
湖南	1 075.56	997.75	3 399.09	1 345.41	3 434.30	4 965.14	4 187.55	4 184.28	4 417.00	6 347.50	10 142.40
广东	17 767.16	33 126.93	33 009.43	11 823.41	29 808.40	32 553.20	23 831.50	27 742.70	32 236.02	51 492.00	82 645.74
广西	265.14	417.81	1 400.85	481.89	1 274.00	1 521.95	1 200.92	1 276.90	1 367.25	2 234.19	4 074.52
海南	281.87	545.86	1 513.20	451.02	1 113.06	1 506.68	1 228.01	1 444.86	1 795.71	2 758.77	3 551.45
重庆	455.32	1 246.58	1 593.14	608.94	1 900.07	2 645.10	2 027.97	2 185.45	2 805.99	4 456.67	6 495.93
四川	1 079.69	2 267.59	7 425.74	2 772.70	5 803.72	7 492.84	5 912.46	5 929.00	5 579.00	8 449.80	13 787.10
贵州	1 733.46	1 966.79	2 759.90	1 361.30	2 648.30	3 075.84	2 911.47	3 209.06	2 387.06	4 002.23	5 245.97
云南	2 176.48	2 345.86	3 509.13	1 123.40	2 606.85	2 791.58	1 853.69	1 988.50	2 066.10	3 097.60	3 875.95
陕西	227.26	456.36	1 210.60	898.50	2 059.44	3 100.30	2 698.90	2 121.01	2 207.05	4 850.93	6 946.30
甘肃	200.46	338.18	1 069.82	449.46	1 307.00	1 303.00	1 045.52	1 214.78	1 568.52	2 698.70	2 846.62
青海	7.22	13.01	66.98	1 443.69	1 758.62	2 082.03	1 087.53	991.44	823.78	966.67	963.38
宁夏	75.84	109.94	403.22	159.03	395.17	535.67	381.98	381.72	356.99	489.90	817.34

附表 3 各省（区、市）保险机构保费收入

单位：亿元

地区	2006年	2007年	2008年	2009年	2010年	2011年	2012年	2013年	2014年	2015年	2016年
北京	411.53	411.53	586.00	697.60	966.50	820.90	923.10	994.40	1207.20	1403.89	1834.25
天津	105.18	105.18	175.62	151.29	214.01	211.70	238.16	276.80	317.75	398.34	527.99
河北	253.37	253.37	480.59	601.09	746.40	732.89	766.16	837.59	931.94	1163.10	1491.49
山西	140.98	140.98	260.89	289.25	365.30	364.67	384.65	412.38	465.37	586.73	698.20
内蒙古	71.95	71.95	141.35	171.30	215.54	229.78	247.74	274.70	314.00	395.48	487.04
辽宁	254.50	254.50	436.10	461.80	604.90	525.10	563.00	622.70	757.00	941.40	837.76
吉林	90.61	90.61	159.52	184.87	239.25	223.00	232.50	266.00	330.00	431.00	557.12
黑龙江	157.20	157.20	251.20	278.40	343.20	317.80	344.10	384.30	507.10	591.80	685.53
上海	407.04	407.04	600.06	665.03	883.86	753.11	820.64	821.43	986.75	1125.16	1528.79
江苏	502.83	502.83	775.40	907.73	1162.67	1200.02	1301.28	1446.08	1683.76	1989.90	2679.68
浙江	363.00	363.00	576.33	645.50	834.40	879.27	984.60	1109.90	1258.00	1435.33	1527.65
安徽	164.60	164.60	296.50	357.20	438.30	432.30	453.60	483.00	572.30	699.00	873.70
福建	174.35	174.35	290.67	330.65	423.60	432.41	477.70	574.80	685.80	777.60	754.91
江西	98.20	98.20	171.66	187.14	253.26	252.23	271.70	318.00	400.40	508.00	608.72
山东	396.22	396.22	673.90	782.89	1030.07	1036.10	1128.00	1280.40	1454.90	1787.70	1963.32
河南	252.31	252.31	519.00	565.00	793.28	839.80	841.13	916.50	1036.10	1248.76	1551.82
湖北	160.80	160.80	317.15	372.42	500.33	549.77	595.41	651.30	809.90	843.63	1047.79
湖南	147.82	147.82	312.49	348.45	438.53	443.53	465.10	508.60	587.70	712.20	884.98
广东	607.90	607.90	1124.98	1231.17	1593.25	1578.96	1692.12	1902.91	2341.63	2814.37	2982.11
广西	80.57	80.57	133.48	148.60	190.90	212.65	238.26	275.47	313.30	385.75	469.17
海南	17.72	17.72	30.07	33.07	47.95	53.75	60.27	72.61	85.15	114.25	133.21
重庆	93.24	93.24	200.55	244.70	321.08	311.81	331.03	359.23	407.30	514.58	600.33
四川	240.20	240.20	494.27	579.03	765.77	778.07	819.53	914.70	1060.60	1267.30	1703.52
贵州	49.20	49.20	80.00	95.20	122.63	131.81	150.22	181.62	213.06	257.80	320.69
云南	95.29	95.29	165.39	180.08	235.68	241.10	271.29	320.80	376.00	434.60	529.23
陕西	116.20	116.20	217.78	260.00	333.80	343.70	365.33	417.45	476.75	572.45	713.97
甘肃	56.86	56.86	97.45	114.38	146.34	140.93	158.77	180.15	208.44	256.89	307.66
青海	8.72	8.72	14.11	18.21	25.70	27.89	32.40	39.02	46.09	56.30	68.75
宁夏	19.24	19.24	31.79	39.28	52.75	55.34	62.69	72.70	83.90	103.31	133.89

附表 4 各省（区、市）专利授权数

单位：件

地区	2006年	2007年	2008年	2009年	2010年	2011年	2012年	2013年	2014年	2015年	2016年
北京	11 238	14 954	17 747	22 921	33 511	40 888	50 511	62 671	74 661	94 031	100 578
天津	4 159	5 584	6 790	7 404	11 006	13 982	19 782	24 856	26 351	37 342	39 734
河北	4 131	5 358	5 496	6 839	10 061	11 119	15 315	18 186	20 132	30 130	31 826
山西	1 421	1 992	2 279	3 227	4 752	4 974	7 196	8 565	8 371	10 020	10 062
内蒙古	978	1 313	1 328	1 494	2 096	2 262	3 084	3 836	4 031	5 522	5 846
辽宁	7 399	9 615	10 665	12 198	17 093	19 176	21 223	21 656	19 525	25 182	25 104
吉林	2 319	2 855	2 984	3 275	4 343	4 920	5 930	6 219	6 696	8 878	9 995
黑龙江	3 622	4 303	4 574	5 079	6 780	12 236	20 268	19 819	15 412	18 943	18 046
上海	16 602	24 481	24 468	34 913	48 215	47 960	51 508	48 680	50 488	60 623	64 230
江苏	19 352	31 770	44 438	87 286	138 382	199 814	269 944	239 645	200 032	250 290	231 033
浙江	30 968	42 069	52 953	79 945	114 643	130 190	188 463	202 350	188 544	234 983	221 456
安徽	2 235	3 413	4 346	8 594	16 012	32 681	43 321	48 849	48 380	59 039	60 983
福建	6 412	7 761	7 937	11 282	18 063	21 857	30 497	37 511	37 857	61 621	67 142
江西	1 536	2 069	2 295	2 915	4 349	5 550	7 985	9 970	13 831	24 161	31 472
山东	15 937	22 821	26 688	34 513	51 490	58 844	75 496	76 976	72 818	98 101	98 093
河南	5 242	6 998	9 133	11 425	16 539	19 259	26 791	29 482	33 366	47 766	49 145
湖北	4 734	6 616	8 374	11 357	17 362	19 035	24 475	28 760	28 290	38 781	41 822
湖南	5 608	5 687	6 133	8 309	13 873	16 064	23 212	24 392	26 637	34 075	34 050
广东	43 516	56 451	62 031	83 621	119 343	128 413	153 598	170 430	179 953	241 176	259 032
广西	1 442	1 907	2 228	2 702	3 647	4 402	5 900	7 884	9 664	13 573	14 858
海南	248	296	341	630	714	765	1 093	1 331	1 597	2 061	1 939
重庆	4 590	4 994	4 820	7 501	12 080	15 525	20 364	24 828	24 312	38 914	42 738
四川	7 138	9 935	13 369	20 132	32 212	28 446	42 218	46 171	47 120	64 953	62 445
贵州	1 337	1 727	1 728	2 084	3 086	3 386	6 059	7 915	10 107	14 115	10 425
云南	1 637	2 139	2 021	2 923	3 823	4 199	5 853	6 804	8 124	11 658	12 032
陕西	2 473	3 451	4 392	6 087	10 034	11 662	14 908	20 836	22 820	33 350	48 455
甘肃	832	1 025	1 047	1 274	1 868	2 383	3 662	4 737	5 097	6 912	7 975
青海	97	222	228	368	264	538	527	502	619	1 217	1 357
宁夏	290	296	606	910	1 081	613	844	1 211	1 424	1 865	2 677

附表 5 各省（区、市）技术市场成交额

单位：亿元

地区	2006年	2007年	2008年	2009年	2010年	2011年	2012年	2013年	2014年	2015年	2016年
北京	411.53	411.53	586.00	697.60	966.50	820.90	923.10	994.40	1207.20	1403.89	1834.25
天津	105.18	105.18	175.62	151.29	214.01	211.70	238.16	276.80	317.75	398.34	527.99
河北	253.37	253.37	480.59	601.09	746.40	732.89	766.16	837.59	931.94	1163.10	1491.49
山西	140.98	140.98	260.89	289.25	365.30	364.67	384.65	412.38	465.37	586.73	698.20
内蒙古	71.95	71.95	141.35	171.30	215.54	229.78	247.74	274.70	314.00	395.48	487.04
辽宁	254.50	254.50	436.10	461.80	604.90	525.10	563.00	622.70	757.00	941.40	837.76
吉林	90.61	90.61	159.52	184.87	239.25	223.00	232.50	266.00	330.00	431.00	557.12
黑龙江	157.20	157.20	251.20	278.40	343.20	317.80	344.10	384.30	507.10	591.80	685.53
上海	407.04	407.04	600.06	665.03	883.86	753.11	820.64	821.43	986.75	1125.16	1528.79
江苏	502.83	502.83	775.40	907.73	1162.67	1200.02	1301.28	1446.08	1683.76	1989.90	2679.68
浙江	363.00	363.00	576.33	645.50	834.40	879.27	984.60	1109.90	1258.00	1435.33	1527.65
安徽	164.60	164.60	296.50	357.20	438.30	432.30	453.60	483.00	572.30	699.00	873.70
福建	174.35	174.35	290.67	330.65	423.60	432.41	477.70	574.80	685.80	777.60	754.91
江西	98.20	98.20	171.66	187.14	253.26	252.23	271.70	318.00	400.40	508.00	608.72
山东	396.22	396.22	673.90	782.89	1030.07	1036.10	1128.00	1280.40	1454.90	1787.70	1963.32
河南	252.31	252.31	519.00	565.00	793.28	839.80	841.13	916.50	1036.10	1248.76	1551.82
湖北	160.80	160.80	317.15	372.42	500.33	549.77	595.41	651.30	809.90	843.63	1047.79
湖南	147.82	147.82	312.49	348.45	438.53	443.53	465.10	508.60	587.70	712.20	884.98
广东	607.90	607.90	1124.98	1231.17	1593.25	1578.96	1692.12	1902.91	2341.63	2814.37	2982.11
广西	80.57	80.57	133.48	148.60	190.90	212.65	238.26	275.47	313.30	385.75	469.17
海南	17.72	17.72	30.07	33.07	47.95	53.75	60.27	72.61	85.15	114.25	133.21
重庆	93.24	93.24	200.55	244.70	321.08	311.81	331.03	359.23	407.30	514.58	600.33
四川	240.20	240.20	494.27	579.03	765.77	778.07	819.53	914.70	1060.60	1267.30	1703.52
贵州	49.20	49.20	80.00	95.20	122.63	131.81	150.22	181.62	213.06	257.80	320.69
云南	95.29	95.29	165.39	180.08	235.68	241.10	271.29	320.80	376.00	434.60	529.23
陕西	116.20	116.20	217.78	260.00	333.80	343.70	365.33	417.45	476.75	572.45	713.97
甘肃	56.86	56.86	97.45	114.38	146.34	140.93	158.77	180.15	208.44	256.89	307.66
青海	8.72	8.72	14.11	18.21	25.70	27.89	32.40	39.02	46.09	56.30	68.75
宁夏	19.24	19.24	31.79	39.28	52.75	55.34	62.69	72.70	83.90	103.31	133.89

附录 135

附表 6 各省（区、市）高新技术产业新产品销售收入

单位：亿元

地区	2006年	2007年	2008年	2009年	2010年	2011年	2012年	2013年	2014年	2015年	2016年
北京	2168.5000	2831.9181	3362.0800	3182.1100	3019.2000	3333.8000	3326.3000	3569.9000	3826.1142	4151.5521	3997.0890
天津	1909.0000	2335.9508	2146.9600	1965.1500	1918.3000	2291.1000	2697.4000	3526.9000	4243.4695	4282.0289	4233.7970
河北	300.2000	327.2504	423.2200	539.2800	622.3000	883.1000	1041.4000	1204.5000	1380.9885	1508.6719	1705.8663
山西	67.6000	95.4721	137.4300	164.3800	172.3000	233.9000	302.4000	621.5000	707.7633	793.6214	864.7128
内蒙古	102.8000	132.9942	162.7000	179.1900	231.1000	225.2000	312.2000	273.1000	344.7838	353.4216	394.3160
辽宁	608.5000	721.2778	973.5100	1118.9900	1294.1000	1709.8000	1898.5000	2214.1000	2362.3900	2351.7267	1813.7462
吉林	145.4000	188.1333	250.5600	359.6500	474.4000	642.4000	918.1000	1138.7000	1431.3165	1667.8912	1848.4666
黑龙江	313.3000	227.5072	271.0300	311.6700	356.5000	399.2000	472.7000	524.2000	610.7888	632.3952	622.2458
上海	4030.3000	4609.9143	5792.1400	6063.5400	5785.7000	7019.7000	7063.6000	7051.6000	6823.4327	7056.8920	7213.0115
江苏	6137.5000	7536.6639	9557.3100	11670.7200	12781.8000	16169.6000	19396.0000	22863.6000	24853.9994	26113.8993	28530.1656
浙江	1741.8000	2406.9860	2774.8700	2600.3000	2569.4000	3323.7000	3607.3000	3976.9000	4360.1294	4792.4154	5288.0662
安徽	156.5000	203.7090	267.6900	329.1100	431.4000	661.5000	1055.1000	1460.0000	1831.3823	2533.0428	3064.1474
福建	1421.9000	1605.7244	1715.8700	1922.4600	1948.1000	2576.5000	2989.8000	3229.4000	3545.0448	3627.7569	3962.3369
江西	229.9000	322.0362	430.3600	559.1600	743.4000	1039.3000	1432.0000	1856.7000	2289.5912	2611.8789	3318.1157
山东	1737.9000	2286.2947	3094.9600	3861.7700	4548.8000	5148.8000	6121.4000	7729.2000	8946.5281	10212.0946	11535.2614
河南	297.6000	425.4986	553.6300	720.1000	897.2000	1185.6000	2033.5000	3257.8000	4284.4370	5293.0772	6653.7565
湖北	396.9000	508.7178	575.9600	793.7400	1025.9000	1257.0000	1552.1000	2027.3000	2445.2730	2948.0498	3655.1105
湖南	205.1000	237.3321	312.6600	497.5600	616.1000	906.1000	1473.4000	1880.7000	2564.8890	2834.3876	3280.2361
广东	10428.8000	12794.1316	14582.9300	16070.7800	16758.0000	20952.8000	23227.6000	25046.6000	27871.0981	30328.8672	33308.0727
广西	94.2000	111.0981	137.6000	191.0300	234.4000	383.8000	539.6000	806.2000	1126.2372	1394.3002	1791.0174
海南	30.4000	35.4230	35.4400	44.2600	50.4000	76.7000	92.1000	151.9000	121.4244	131.7497	155.8758
重庆	136.0000	155.4351	200.4100	271.9600	339.1000	507.8000	1111.8000	1883.4000	2624.2326	3433.6571	4028.8090
四川	578.3000	725.1127	1020.1400	1294.6900	1583.3000	2104.9000	3186.5000	3962.1000	5160.4517	5486.6076	5171.7111
贵州	127.9000	132.9562	171.1600	184.4600	245.0000	266.0000	305.0000	342.9000	372.0383	566.3333	806.9092
云南	59.8000	76.6348	91.7600	111.3900	131.3000	160.1000	188.7000	239.4000	291.1199	312.0695	349.9551
陕西	414.3000	466.6429	566.6000	610.4100	665.8000	865.2000	1001.5000	1238.0000	1374.0286	1649.5132	1902.8875
甘肃	39.2000	43.2357	49.7300	53.8700	56.5000	76.2000	87.6000	112.3000	140.9226	162.4117	179.0108
青海	6.9000	8.4436	12.6100	12.0100	15.0000	21.3000	21.6000	38.7000	50.7344	57.1565	100.4748
宁夏	15.7000	14.2084	19.0300	22.9200	28.5000	30.9000	35.9000	31.9000	31.7726	37.4100	111.8470

附表 7 各省（区、市）财政科技投入所占比例

地区	2006年	2007年	2008年	2009年	2010年	2011年	2012年	2013年	2014年	2015年	2016年
北京	1.49%	1.49%	5.50%	5.73%	5.45%	6.59%	5.64%	5.43%	5.62%	6.27%	5.00%
天津	0.54%	0.51%	2.66%	2.70%	2.36%	3.29%	3.43%	3.60%	3.70%	3.78%	3.74%
河北	0.37%	0.34%	1.18%	1.17%	1.14%	1.07%	0.95%	1.11%	1.14%	1.11%	0.80%
山西	0.31%	0.27%	1.52%	1.34%	1.13%	1.04%	1.15%	1.21%	2.05%	1.75%	1.09%
内蒙古	0.26%	0.23%	0.85%	1.06%	0.94%	0.94%	0.94%	0.81%	0.86%	0.85%	0.83%
辽宁	0.38%	0.38%	2.19%	2.28%	2.14%	2.16%	2.23%	2.22%	2.29%	2.14%	1.49%
吉林	0.43%	0.45%	1.25%	1.14%	1.28%	1.07%	0.96%	1.01%	1.36%	1.25%	1.29%
黑龙江	0.39%	0.40%	1.32%	1.17%	0.95%	1.03%	0.98%	1.02%	1.15%	1.15%	1.07%
上海	0.96%	1.12%	4.80%	4.59%	7.20%	6.12%	5.58%	5.87%	5.69%	5.33%	4.39%
江苏	0.48%	0.53%	2.72%	2.85%	3.01%	3.10%	3.49%	3.68%	3.91%	3.86%	3.84%
浙江	0.83%	0.87%	3.96%	3.93%	3.74%	3.78%	3.74%	3.99%	4.06%	4.03%	3.77%
安徽	0.77%	0.37%	2.94%	1.47%	1.70%	2.26%	2.33%	2.44%	2.52%	2.78%	2.83%
福建	0.79%	0.72%	2.36%	2.26%	1.99%	1.92%	1.84%	1.86%	2.86%	2.04%	1.92%
江西	0.39%	0.38%	0.97%	0.92%	0.87%	0.96%	0.84%	0.91%	1.34%	1.29%	1.69%
山东	0.52%	0.49%	2.05%	2.11%	1.92%	2.04%	2.17%	2.12%	2.23%	2.05%	1.93%
河南	0.38%	0.39%	1.35%	1.33%	1.22%	1.31%	1.33%	1.39%	1.43%	1.34%	1.22%
湖北	0.33%	0.28%	1.49%	1.41%	1.20%	1.22%	1.40%	1.43%	1.78%	2.68%	2.58%
湖南	0.30%	0.29%	1.53%	1.68%	1.38%	1.30%	1.21%	1.18%	1.20%	1.18%	1.17%
广东	0.70%	0.68%	3.79%	3.51%	3.89%	3.96%	3.04%	3.39%	4.17%	3.00%	4.45%
广西	0.67%	0.69%	1.35%	1.26%	1.12%	1.09%	1.11%	1.44%	1.70%	1.72%	1.22%
海南	0.35%	0.34%	0.97%	1.26%	1.25%	1.29%	1.26%	1.31%	1.37%	1.24%	1.23%
重庆	0.17%	0.17%	1.00%	1.05%	0.86%	0.65%	0.97%	0.98%	1.26%	0.78%	1.20%
四川	0.45%	0.44%	1.18%	0.87%	0.80%	0.82%	0.98%	1.09%	1.12%	1.21%	1.29%
贵州	0.59%	0.53%	1.27%	1.24%	1.05%	1.02%	0.97%	1.05%	1.11%	1.25%	1.49%
云南	0.58%	0.53%	1.15%	1.20%	0.97%	0.94%	0.99%	0.91%	1.04%	0.97%	1.03%
陕西	0.38%	0.34%	1.27%	1.19%	1.15%	1.14%	0.74%	1.05%	1.04%	1.13%	1.31%
甘肃	0.47%	0.45%	1.08%	0.98%	0.82%	0.74%	0.39%	0.78%	0.86%	0.83%	1.01%
青海	0.28%	0.27%	0.89%	1.09%	0.98%	0.55%	0.39%	0.60%	0.67%	0.76%	0.75%
宁夏	0.47%	0.45%	1.98%	1.33%	1.03%	1.07%	1.11%	1.11%	1.16%	1.17%	1.52%

附表 8 各省（区、市）银行业金融机构贷款与存款比值

地区	2006 年	2007 年	2008 年	2009 年	2010 年	2011 年	2012 年	2013 年	2014 年	2015 年	2016 年
北京	0.529 4%	0.536 5%	0.526 8%	0.523 2%	0.545 2%	0.547 9%	0.528 8%	0.509 1%	0.522 4%	0.536 0%	0.455 5%
天津	0.775 4%	0.791 9%	0.794 0%	0.772 5%	0.803 1%	0.834 8%	0.905 5%	0.906 5%	0.902 3%	0.937 3%	0.923 5%
河北	0.595 2%	0.590 1%	0.586 3%	0.532 7%	0.590 3%	0.607 1%	0.620 5%	0.622 3%	0.619 2%	0.641 0%	0.666 5%
山西	0.605 3%	0.563 6%	0.545 3%	0.471 0%	0.502 3%	0.522 0%	0.536 4%	0.546 9%	0.572 0%	0.614 6%	0.648 5%
内蒙古	0.785 8%	0.795 0%	0.762 7%	0.715 3%	0.758 9%	0.770 5%	0.806 4%	0.833 2%	0.855 4%	0.924 8%	0.950 0%
辽宁	0.666 3%	0.670 5%	0.686 5%	0.657 6%	0.694 7%	0.699 4%	0.740 5%	0.745 1%	0.754 0%	0.785 3%	0.759 7%
吉林	0.777 5%	0.773 2%	0.826 4%	0.760 3%	0.749 5%	0.750 3%	0.751 8%	0.723 5%	0.725 9%	0.768 2%	0.819 4%
黑龙江	0.595 3%	0.572 8%	0.565 5%	0.506 0%	0.552 8%	0.571 8%	0.607 7%	0.620 3%	0.644 1%	0.710 1%	0.776 8%
上海	0.666 1%	0.640 7%	0.639 7%	0.614 0%	0.628 8%	0.654 4%	0.639 3%	0.644 8%	0.640 5%	0.648 5%	0.514 5%
江苏	0.713 5%	0.725 4%	0.742 4%	0.711 5%	0.735 1%	0.727 4%	0.741 5%	0.738 3%	0.732 7%	0.745 8%	0.731 1%
浙江	0.810 8%	0.830 1%	0.859 1%	0.835 9%	0.869 5%	0.861 5%	0.874 3%	0.892 5%	0.886 2%	0.900 5%	0.846 8%
安徽	0.724 9%	0.725 2%	0.722 1%	0.676 8%	0.704 1%	0.712 3%	0.724 6%	0.723 6%	0.730 9%	0.756 3%	0.750 7%
福建	0.699 6%	0.724 4%	0.811 3%	0.811 1%	0.855 3%	0.849 0%	0.899 4%	0.895 0%	0.897 2%	0.943 3%	0.914 5%
江西	0.679 3%	0.663 7%	0.685 8%	0.635 3%	0.686 0%	0.658 7%	0.649 5%	0.658 0%	0.669 6%	0.721 5%	0.741 2%
山东	0.790 9%	0.807 9%	0.811 4%	0.763 9%	0.776 5%	0.778 9%	0.796 6%	0.752 7%	0.756 8%	0.776 0%	0.769 1%
河南	0.745 6%	0.745 5%	0.761 1%	0.680 5%	0.700 8%	0.685 6%	0.659 2%	0.632 9%	0.625 5%	0.657 8%	0.658 8%
湖北	0.702 5%	0.689 6%	0.693 4%	0.643 8%	0.680 8%	0.671 5%	0.677 9%	0.671 9%	0.664 1%	0.691 4%	0.713 8%
湖南	0.696 6%	0.671 0%	0.672 6%	0.648 5%	0.679 9%	0.692 3%	0.692 4%	0.676 0%	0.675 0%	0.686 9%	0.668 7%
广东	0.597 4%	0.584 2%	0.608 6%	0.590 1%	0.631 9%	0.626 6%	0.640 0%	0.638 2%	0.632 2%	0.664 1%	0.596 4%
广西	0.728 4%	0.723 1%	0.746 6%	0.722 3%	0.763 6%	0.760 1%	0.787 0%	0.773 8%	0.765 3%	0.791 7%	0.794 9%
海南	0.763 9%	0.720 0%	0.655 8%	0.588 5%	0.611 2%	0.595 1%	0.709 2%	0.761 2%	0.778 0%	0.838 8%	0.870 8%
重庆	0.750 8%	0.795 3%	0.780 1%	0.788 0%	0.799 0%	0.809 2%	0.818 1%	0.802 8%	0.782 9%	0.820 0%	0.797 6%
四川	0.686 4%	0.670 1%	0.668 3%	0.606 5%	0.635 9%	0.638 8%	0.643 8%	0.629 3%	0.629 6%	0.644 3%	0.643 8%
贵州	0.830 3%	0.816 8%	0.819 3%	0.754 0%	0.789 9%	0.781 3%	0.783 9%	0.790 1%	0.763 8%	0.812 5%	0.774 0%
云南	0.775 3%	0.783 4%	0.799 5%	0.783 3%	0.789 6%	0.794 3%	0.800 2%	0.784 5%	0.774 3%	0.815 4%	0.842 8%
陕西	0.617 3%	0.598 9%	0.602 4%	0.561 3%	0.589 4%	0.616 1%	0.629 2%	0.612 0%	0.642 6%	0.677 8%	0.676 0%
甘肃	0.662 8%	0.637 9%	0.650 3%	0.583 4%	0.633 5%	0.640 4%	0.678 0%	0.710 4%	0.730 9%	0.793 5%	0.842 3%
青海	0.869 6%	0.807 6%	0.798 2%	0.744 0%	0.786 3%	0.783 8%	0.789 8%	0.791 2%	0.855 0%	0.920 9%	0.956 9%
宁夏	0.847 1%	0.871 6%	0.928 9%	0.884 9%	0.932 5%	0.935 5%	0.976 1%	0.961 5%	1.017 0%	1.089 7%	1.067 9%

附表9 各省（区、市）金融业从业人员数量

单位：人

地区	2006年	2007年	2008年	2009年	2010年	2011年	2012年	2013年	2014年	2015年	2016年
北京	11 189	12 377	14 091	17 584	18 512	19 436	20 832	23 219	24 305	22 958	25 210
天津	4 735	5 603	6 502	7 607	41 546	38 307	39 226	43 668	47 088	49 770	63 600
河北	130 000	130 000	200 000	200 000	200 000	200 000	200 000	209 000	172 700	262 600	360 000
山西	51 384	53 011	71 693	99 116	110 416	109 804	107 403	122 073	123 900	144 400	255 000
内蒙古	30 359	39 078	49 956	54 159	67 704	60 800	63 700	67 500	91 400	106 000	156 000
辽宁	96 157	99 602	112 476	140 276	134 890	145 585	148 752	147 141	172 024	182 620	213 630
吉林	39 499	44 646	73 384	81 033	87 051	9 321	9 854	11 295	12 242	13 753	19 352
黑龙江	74 971	80 022	84 000	87 000	113 000	114 000	90 000	100 000	110 000	120 000	180 000
上海	11 002	14 099	17 254	20 657	21 300	30 523	30 842	33 398	33 867	50 676	58 709
江苏	140 100	130 000	143 000	320 000	235 000	220 000	230 500	228 000	230 000	270 000	365 300
浙江	101 700	116 500	146 100	104 240	112 672	146 640	168 000	187 000	292 000	177 000	236 800
安徽	13 595	15 244	16 924	17 558	19 991	22 315	23 935	25 190	31 280	36 760	33 955
福建	67 317	68 802	81 331	115 585	131 873	119 144	115 964	119 527	128 192	138 310	186 347
江西	67 912	67 817	55 000	60 000	70 000	70 000	70 000	84 000	86 000	95 200	14 922
山东	171 100	198 400	227 800	321 000	339 600	347 000	363 500	350 900	371 000	407 000	536 000
河南	136 200	125 000	190 000	214 000	263 300	250 000	337 900	355 000	324 700	282 127	540 000
湖北	82 254	94 690	100 884	127 517	134 879	146 000	170 000	169 000	168 600	183 000	334 100
湖南	119 731	124 296	116 700	145 000	148 000	152 800	146 200	144 000	143 000	157 000	217 000
广东	163 827	183 404	193 800	242 300	253 800	264 600	292 000	291 900	310 000	359 000	520 000
广西	30 482	36 200	45 000	55 000	65 000	62 000	74 953	73 113	73 101	85 800	135 655
海南	4 147	6 150	7 842	10 841	12 828	14 011	16 372	16 358	16 509	19 488	26 601
重庆	54 137	57 955	45 532	62 550	75 000	88 000	86 000	87 500	90 800	96 240	100 000
四川	121 675	131 914	142 342	163 600	172 600	177 000	176 900	181 900	196 000	213 000	327 000
贵州	3 636	4 543	6 076	7 331	9 421	10 472	11 283	10 738	11 093	12 827	16 493
云南	47 058	50 863	50 000	66 514	65 000	65 000	68 900	71 500	81 000	86 683	112 447
陕西	35 570	34 658	43 256	73 774	31 605	89 379	93 603	102 982	104 373	121 492	167 251
甘肃	25 998	35 401	41 500	46 000	66 570	53 873	57 497	55 237	60 632	66 680	91 298
青海	6 817	6 974	7 134	6 608	7 600	7 626	9 104	7 697	7 856	8 946	8 835
宁夏	8 674	9 993	13 486	15 966	15 325	15 854	16 250	16 144	17 466	20 572	30 839

附表 10 各省（区、市）R&D 人员全时当量

单位：人·年

地区	2006年	2007年	2008年	2009年	2010年	2011年	2012年	2013年	2014年	2015年	2016年
北京	171 045.0	168 398.0	187 577.5	189 551.3	191 778.6	193 718.4	217 255.2	235 492.9	242 174.6	245 384.0	245 728.0
天津	33 441.0	37 164.0	44 854.1	48 348.2	52 038.5	58 770.7	74 293.4	89 609.4	100 218.5	113 335.0	124 321.0
河北	41 703.0	43 740.0	45 333.7	46 154.7	56 508.9	62 304.6	73 024.8	78 532.5	89 545.8	100 946.0	106 975.3
山西	27 438.0	38 767.0	36 864.1	43 985.8	47 771.6	46 279.1	47 354.5	47 028.5	49 035.3	48 955.0	42 872.5
内蒙古	13 504.0	14 751.0	15 372.5	18 263.8	21 675.8	24 765.4	27 603.5	31 818.5	37 279.8	36 435.0	38 247.7
辽宁	66 104.0	69 048.0	77 156.7	76 672.9	80 925.1	84 653.8	80 976.5	87 180.1	94 885.2	99 586.0	85 365.6
吉林	25 642.0	28 456.0	32 509.4	31 730.9	39 393.2	45 313.1	44 814.6	49 960.7	48 007.6	49 774.0	49 275.8
黑龙江	44 203.0	45 068.0	48 204.6	50 716.8	54 158.5	61 854.3	66 599.0	65 117.7	62 659.5	62 648.0	56 597.6
上海	67 048.0	80 201.0	90 144.9	95 129.5	132 859.4	134 952.3	148 500.4	153 361.3	165 754.9	168 173.0	171 797.7
江苏	128 028.0	138 876.0	160 482.0	195 332.9	273 273.0	315 831.0	342 765.3	401 919.7	466 158.5	498 801.0	520 302.5
浙江	80 120.0	102 761.0	129 393.2	159 589.3	185 068.7	223 484.4	253 686.5	278 109.5	311 041.7	338 398.0	364 710.4
安徽	28 405.0	29 875.0	36 162.6	49 465.0	59 697.2	64 168.7	81 086.9	103 046.9	119 341.6	129 319.0	133 558.4
福建	35 716.0	40 238.0	47 593.4	59 269.7	63 268.5	76 737.4	96 884.1	114 492.2	122 544.0	135 866.0	126 571.9
江西	22 064.0	25 797.0	27 123.0	28 241.0	33 054.5	34 822.9	37 517.2	38 152.0	43 512.1	43 469.0	46 547.7
山东	91 142.0	96 637.0	116 470.3	160 420.2	164 620.1	190 329.2	228 607.5	254 012.8	279 331.2	286 352.0	297 845.3
河南	51 181.0	59 692.0	64 878.6	71 493.7	92 571.3	101 467.4	118 040.5	128 322.5	152 251.5	161 444.0	158 857.6
湖北	61 226.0	62 100.0	67 402.8	72 750.6	91 160.8	97 923.7	113 919.6	122 748.3	133 060.7	140 741.0	135 480.6
湖南	38 044.0	39 752.0	44 942.3	50 252.8	63 842.6	72 636.6	85 783.0	100 031.5	103 413.6	107 432.0	114 869.2
广东	119 359.0	147 233.0	199 463.8	238 683.8	283 650.4	344 691.8	410 805.0	492 326.9	501 717.7	506 862.0	501 696.4
广西	17 947.0	18 940.0	20 141.0	23 243.0	29 855.8	33 987.1	40 135.3	41 267.8	40 663.5	41 208.0	38 269.1
海南	1 225.0	1 209.0	1 262.0	1 726.3	4 210.0	4 893.1	5 396.6	6 786.9	6 961.7	7 514.0	7 713.0
重庆	24 619.0	26 826.0	31 563.0	34 420.5	35 004.6	37 078.0	40 697.7	46 122.0	52 612.2	58 354.0	61 520.2
四川	66 382.0	68 584.0	78 849.0	86 736.0	85 921.4	83 800.3	82 484.8	98 010.3	109 708.0	119 676.0	116 842.1
贵州	9 779.0	10 737.0	11 364.7	11 458.4	13 092.7	15 087.4	15 885.5	18 732.1	23 887.5	23 969.0	23 536.7
云南	14 798.0	16 027.0	17 819.0	19 754.4	21 110.0	22 551.5	25 091.9	27 817.2	28 482.9	30 523.0	39 535.2
陕西	53 656.0	59 458.0	65 072.1	64 752.2	68 039.7	73 217.8	73 500.5	82 428.4	93 493.5	97 138.0	92 617.9
甘肃	16 795.0	16 696.0	18 768.8	20 117.9	21 158.1	21 661.0	21 332.1	24 289.7	25 047.3	27 122.0	25 858.8
青海	2 590.0	2 610.0	2 914.6	2 501.2	4 602.9	4 858.4	5 006.2	5 181.0	4 767.0	4 731.0	4 007.7
宁夏	4 046.0	4 412.0	5 564.8	5 152.8	6 919.5	6 377.7	7 357.5	8 072.9	8 234.4	9 500.0	9 246.6

附表 11 各省（区、市）R&D 经费投入强度

地区	2006年	2007年	2008年	2009年	2010年	2011年	2012年	2013年	2014年	2015年	2016年
北京	5.14%	5.33%	5.13%	4.95%	5.50%	5.82%	5.76%	5.95%	5.98%	5.95%	6.01%
天津	2.09%	2.13%	2.18%	2.32%	2.37%	2.49%	2.63%	2.80%	2.96%	2.96%	3.08%
河北	0.60%	0.67%	0.66%	0.68%	0.78%	0.76%	0.82%	0.92%	0.99%	1.06%	1.18%
山西	0.81%	0.74%	0.82%	0.86%	1.10%	0.98%	1.01%	1.09%	1.22%	1.19%	1.04%
内蒙古	0.31%	0.33%	0.38%	0.40%	0.53%	0.55%	0.59%	0.64%	0.69%	0.69%	0.76%
辽宁	1.50%	1.46%	1.48%	1.39%	1.53%	1.56%	1.64%	1.57%	1.64%	1.52%	1.27%
吉林	0.93%	0.96%	0.96%	0.82%	1.12%	0.87%	0.84%	0.92%	0.92%	0.95%	1.01%
黑龙江	1.02%	0.92%	0.93%	1.04%	1.27%	1.19%	1.02%	1.07%	1.14%	1.07%	1.05%
上海	2.31%	2.45%	2.46%	2.53%	2.81%	2.81%	3.11%	3.37%	3.56%	3.66%	3.73%
江苏	1.56%	1.59%	1.65%	1.88%	2.04%	2.07%	2.17%	2.38%	2.49%	2.54%	2.57%
浙江	1.40%	1.43%	1.50%	1.61%	1.73%	1.78%	1.85%	2.08%	2.16%	2.26%	2.36%
安徽	0.90%	0.97%	0.98%	1.11%	1.35%	1.32%	1.40%	1.64%	1.83%	1.89%	1.96%
福建	0.85%	0.89%	0.89%	0.94%	1.11%	1.16%	1.26%	1.38%	1.44%	1.48%	1.51%
江西	0.83%	0.78%	0.84%	0.91%	0.99%	0.92%	0.83%	0.88%	0.94%	0.97%	1.04%
山东	1.12%	1.07%	1.21%	1.40%	1.53%	1.72%	1.86%	2.04%	2.13%	2.19%	2.27%
河南	0.63%	0.65%	0.67%	0.68%	0.90%	0.91%	0.98%	1.05%	1.10%	1.14%	1.18%
湖北	1.24%	1.24%	1.19%	1.32%	1.65%	1.65%	1.65%	1.73%	1.80%	1.87%	1.90%
湖南	0.79%	0.70%	0.78%	0.98%	1.18%	1.16%	1.19%	1.30%	1.33%	1.36%	1.43%
广东	1.15%	1.18%	1.27%	1.37%	1.65%	1.76%	1.96%	2.17%	2.31%	2.37%	2.47%
广西	0.43%	0.38%	0.38%	0.47%	0.61%	0.66%	0.69%	0.75%	0.75%	0.71%	0.63%
海南	0.20%	0.20%	0.21%	0.22%	0.35%	0.34%	0.41%	0.48%	0.47%	0.48%	0.46%
重庆	0.96%	0.94%	1.00%	1.04%	1.22%	1.27%	1.28%	1.40%	1.38%	1.42%	1.57%
四川	1.27%	1.24%	1.32%	1.27%	1.52%	1.54%	1.40%	1.47%	1.52%	1.57%	1.67%
贵州	0.58%	0.62%	0.48%	0.53%	0.68%	0.65%	0.64%	0.61%	0.58%	0.60%	0.59%
云南	0.51%	0.52%	0.54%	0.54%	0.60%	0.61%	0.63%	0.67%	0.67%	0.67%	0.80%
陕西	2.11%	2.14%	2.11%	1.96%	2.32%	2.15%	1.99%	1.99%	2.12%	2.07%	2.18%
甘肃	0.98%	1.05%	0.95%	1.00%	1.10%	1.02%	0.97%	1.07%	1.06%	1.12%	1.22%
青海	0.55%	0.52%	0.48%	0.38%	0.70%	0.74%	0.75%	0.69%	0.65%	0.62%	0.48%
宁夏	0.68%	0.69%	0.81%	0.63%	0.77%	0.68%	0.73%	0.78%	0.81%	0.87%	0.88%